l'enfance de BÉCASSINE

Texte de CAUMERY
Illustrations de J. P. PINCHON

PARIS
ÉDITIONS GAUTIER-LANGUEREAU
18, RUE JACOB, 18

ISBN 2-217-10001-7

l'enfance de Bécassine

Annaïk Labornez, destinée à la célébrité sous le nom de Bécassine, eut pour première demeure la métairie que ses parents cultivaient à Clocher-les-Bécasses, non loin de Quimper.

Sa naissance ne fut pas signalée, comme celle des héros de l'antiquité, par des tremblements de terre et des pluies de feu. On remarqua seulement à cette époque un fort passage d'oiseaux sauvages : oies, canards et bécasses.

Annaïk Labornez était un gros poupon, rose et dodu. Elle avait des yeux et une bouche minuscule; son nez était si petit qu'on le voyait à peine.

Et cela désolait ses parents qui, chaque jour, mesuraient le pauvre petit nez : « Y pousse pas, disaient-ils. Qué malheur ! on va être la risée de tout le pays !» On est, en effet, persuadé, à Clocher-les-Bécasses, que l'intelligence est en proportion de la longueur du nez.

Cette croyance bizarre tient sans doute à ce qu'on voit, dans le petit bourg, à l'époque des bains de mer, un grand savant, membre de nombreuses académies, qui est doué d'un appendice nasal formidable.

Ce nez trop court navrait d'autant plus les époux Labornez que leur fille avait une cousine presque du même âge qu'elle, Marie Quillouch, qui ne laissait rien à désirer au point de vue du nez.

Or, depuis longtemps, une rivalité existait entre la famille Labornez et la famille Quillouch. Yann Quillouch en voulait à Conan Labornez parce que, à un déjeuner offert par le député aux notables du pays, Labornez avait été placé plus près que lui du maître de la maison.

Parce que, dans la fanfare municipale, Conan était chargé de la grosse caisse, instrument qui ne passe pas inaperçu, tandis que lui, Yann, devait se contenter de l'emploi modeste de joueur de triangle.

Et de son côté, Conan Labornez ne pouvait pardonner à son cousin d'avoir obtenu au concours agricole une médaille pour ses porcs gras, tandis que lui-même n'avait décroché qu'une mention honorable.

Il y avait donc un peu de jalousie entre eux; et cela se sentait à la façon dont les deux mères se parlaient de leurs filles : « La vôtre, disait Mme Quillouch, elle est plus grosse, mais la nôtre, elle a un plus beau nez. » A quoi Mme Labornez ripostait vertement: « Probable qu'elle en est fière, de son nez, puisqu'elle le regarde tout le temps de ses deux yeux à la fois.

Cependant, on décida que les deux baptêmes seraient célébrés en même temps. Presque tout le monde est plus ou moins cousin à Clocher-les-Bécasses. Aussi, tout le pays fut-il invité à la cérémonie religieuse et au dîner.

L'oncle Corentin, — grand chasseur, un peu original, et qui a toujours le mot pour rire — fut désigné comme parrain d'Annaïk. « — Une belle fille, dit-il en la faisant sauter dans ses bras, et qui pèse son poids. Dommage qu'y ait c'nez... ou, plutôt, qu'y ait pas d'nez... »

« ... Et puis, c't'idée de l'appeler Annaïk ! Avec toutes les Annaïk qu'y a dans le village, ça fera de l'embrouille. Quand, dans la rue, je crierai : *Annaïk* ! ça sera vingt fillettes qui arriveront... Faut lui trouver un surnom. » Le signal du départ arrêta ses réflexions.

Ce fut un beau baptême. La propriétaire du château, Mme la marquise de Grand-Air, chez qui la mère d'Annaïk allait travailler en journées, vint assister à la cérémonie. Les Labornez ne furent pas peu fiers en la voyant arriver dans sa calèche à deux chevaux.

A la sortie de l'église, l'oncle Corentin jeta à la volée des quantités de dragées et de sous aux gamins; puis, aux sons du biniou, on dansa sur la place.

Les deux petites filles avaient été installées à l'ombre d'un grand chêne. Annaïk riait de toute sa figure ronde, annonçant son heureux caractère, tandis que sa cousine était plus que jamais Marie-qui-louche.

L'heure du dîner sonna. Tous les estomacs criaient famine, mais il y eut un moment d'inquiétude : L'oncle Corentin a disparu. Qu'est devenu le parrain? Il arriva enfin.

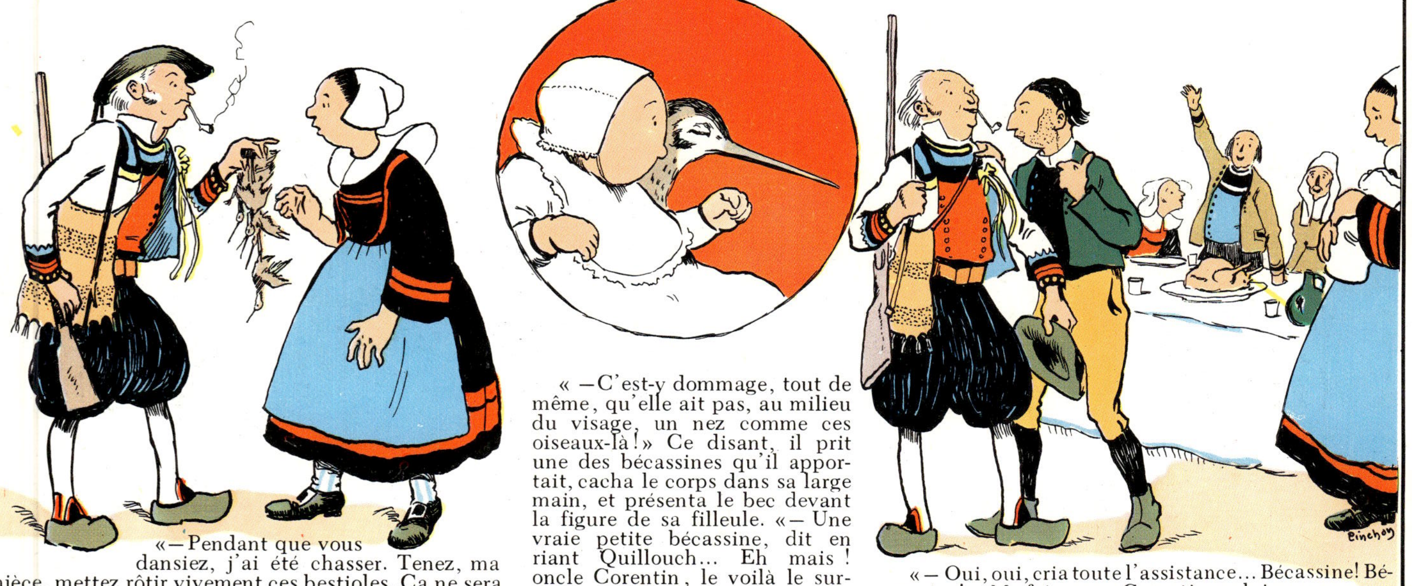

« — Pendant que vous dansiez, j'ai été chasser. Tenez, ma nièce, mettez rôtir vivement ces bestioles. Ça ne sera pas le plus mauvais plat du dîner. » Puis, revenant à son idée d'avant le baptême, et regardant Annaïk :

« — C'est-y dommage, tout de même, qu'elle ait pas, au milieu du visage, un nez comme ces oiseaux-là ! » Ce disant, il prit une des bécassines qu'il apportait, cacha le corps dans sa large main, et présenta le bec devant la figure de sa filleule. « — Une vraie petite bécassine, dit en riant Quillouch... Eh mais ! oncle Corentin, le voilà le surnom que vous cherchiez ! »

« — Oui, oui, cria toute l'assistance... Bécassine! Bécassine! — Ma foi, avoua Corentin, ça lui va comme un gant! » Et c'est ainsi que, malgré les protestations indignées de sa mère, Annaïk Labornez devint Bécassine.

Bécassine pousse comme un champignon. Elle rit toujours. Elle est très douce et un peu entêtée. On a essayé de la sevrer, mais elle refuse tout autre aliment que le lait.
Comme il n'y a guère de vaches à Clocher-les-Bécasses, Mme Labornez a dû s'entendre avec un paysan des environs qui, chaque jour, apporte la provision nécessaire. Il a un goût bizarre, ce lait; mais Bécassine s'en régale; elle se porte bien : pourquoi s'inquiéter ?
Un matin, l'oncle Corentin arrive tout en émoi : « —Savez-vous ce que j'ai découvert, en chassant du côté de votre marchand de lait? Eh bien! il n'a pas de vache. Ce qu'il vous vend, c'est du lait d'ânesse. »
« —Manquait plus que ça ! gémit Conan Labornez. Une petite qu'a pas de nez, et nourrie à l'ânesse. Va être idiote, bien sûr! » Mais sa femme s'est fâchée. « — Des bêtises ! J'vous dis, moi, qu'elle aura des idées à en revendre ! »
En attendant, Bécassine passe presque tout son temps dans son berceau. Elle a pour compagnon Poulet, le gros chat blanc. Poulet lèche délicatement la figure de Bécassine, et Bécassine rit. Puis elle gigotte, renverse le chat, et ce sont des culbutes sans fin. Quand on est fatigué de ces exercices, Poulet se met en boule contre Bécassine, et les deux amis s'endorment.
Ce jour-là, Poulet a trouvé sa place occupée par Marie Quillouch, confiée pour l'après-midi à Mme Labornez. Celle-ci a préparé une bassine d'eau tiède où, tout à l'heure, elle lavera les fillettes; elle a posé à côté le bol de lait qu'elles boiront ensuite ; puis elle a eu à sortir.

Poulet n'est pas satisfait : la figure jaune de Marie ne lui plaît guère. Cependant en chat bien élevé, il lèche Marie comme il a coutume de faire à Bécassine. Marie répond par une grimace et un grognement.

Alors, il lui chatouille la figure avec sa queue. En pareil cas, Bécassine rit à se pâmer ; Marie, au contraire, grogne plus fort, puis, agacée, empoigne à deux mains la queue du chat.

Marie Quillouch a des mains qui ressemblent à des pinces, des mains osseuses et crochues qui ne lâchent pas ce qu'elles tiennent. Poulet cherche à se dégager, doucement d'abord, puis plus fort.

Soudain, impatienté, il bondit. Catastrophe ! Les mains de Marie suivent, le corps suit. Un grand vacarme : Marie, toujours accrochée à Poulet, a heurté la bassine qui s'est renversée. Elle pousse un hurlement, puis tout rentre dans le silence.

Pendant la lutte, Bécassine dormait paisiblement. La secousse l'a jetée hors du berceau. Elle est tombée à plat ventre devant l'écuelle de lait. Et, n'ayant aucun mal, elle a aussitôt profité de l'aubaine.

Mme Labornez est revenue quelques minutes après le drame. Jamais elle n'a pu comprendre comment Bécassine est sortie de son berceau, comment Marie Quillouch se trouvait dans le coffre à farine d'où l'on ne voyait guère émerger que son nez.

Mais elle a interprété les choses à la gloire de Bécassine : « — C'te petite, a-t-elle dit, elle n'aime pas le bain, alors elle a renversé la bassine, elle aime le lait, et elle a trouvé l'moyen d'aller le boire. Tout ça a guère plus d'un an ! Quand j'le disais qu'elle a des idées à revendre ! »

Bécassine commence à marcher. Elle marche avant Anna Quillouch, qui ne peut que se traîner à quatre pattes. Ceci comble de joie les époux Labornez et l'oncle Corentin qui contemplent, avec une admiration attendrie, le petit château branlant.

C'est aussi pour eux, une cause de fréquentes angoisses, car Bécassine a des audaces bizarres et dangereuses. Elle veut prendre tout ce qu'elle voit. Un jour, elle a failli se brûler vive en essayant d'attraper les flammes qui dansaient autour des bûches.

Un autre jour, elle a failli se noyer en cherchant à saisir la lune qui se reflétait dans une grande cuve pleine d'eau.

Après la curiosité, la gourmandise l'a mise en grand danger. On faisait des confitures à la ferme et on avait posé à terre la grande bassine pour la faire refroidir.

Bécassine se met à tourner autour, se penche pour goûter le beau jus sucré et tombe dedans la tête la première. Les confitures, heureusement, étaient presque froides. Mme Labornez a pu repêcher Bécassine à temps.

Insensible aux reproches, l'enfant s'est occupée, tout le temps qu'on la déshabillait, à lécher avec ardeur ses vêtements enduits de confitures. « — Elle a pas toujours des bonnes idées, mais elle a de la suite dans les idées », a déclaré l'oncle Corentin.

Depuis cette aventure, quand on est obligé de laisser Bécassine à la maison, on l'emmaillote, on la ficèle comme un saucisson. Mais un jour, Turc, le chien de l'oncle Corentin, a sauté par la fenêtre ouverte et a emporté le petit paquet.

On a retrouvé Bécassine sur la grand'place, gardée par son ami Turc, et entourée de toute la marmaille et de toute la volaille du village.

Il a fallu recourir au grand moyen, l'accrochage, qui est encore parfois pratiqué en Bretagne. Certain jour où tout le monde doit aller en moisson, Mme Labornez suspend sa fille à un énorme piton fixé très haut. De cette façon, nul danger ne sera à craindre.

Bécassine a un heureux caractère. Elle se laisse donc faire sans protester. La voilà seule... Elle s'endort... Peu après, un vagabond, qui rôdait dans le pays en quête d'un mauvais coup, s'introduit dans la grande salle.

Il s'empare de la belle montre en or du fermier. A ce moment, Bécassine se réveille et, incommodée par l'odeur d'un jambon accroché tout près d'elle, éternue. Stupeur du voleur... Ce bruit... Et il ne voit personne !... Il croit s'être trompé, se rassure...

... va s'emparer des six couverts d'argent donnés à la fermière pour son mariage. Là-haut, Bécassine s'amuse beaucoup, le suit de ses petits yeux et, poliment, lui crie : «Bonzou».

Plus de doute, on a parlé... et toujours personne ! C'est une maison hantée !... Affolé, l'homme lâche les couverts, détale au plus vite...

...mais si mal à propos qu'il tombe juste dans les bras du garde champêtre.

Il est arrêté, fouillé, conduit en prison.

Et c'est un nouveau motif de fierté pour les Labornez et pour l'oncle Corentin : « —C'te gamine, tout de même, c'est haut comme deux pommes et ça fait sauver un grand gars ! »

En récompense, on lui a donné ce qui restait de la bassine de confitures. Elle a failli en mourir d'indigestion.

Le mardi gras, l'oncle Corentin a vu, à Quimper, une cavalcade dont la splendeur l'a ébloui. Il voudrait organiser dans son village, pour la Mi-Carême, quelque chose d'analogue, en plus modeste, bien entendu.

A sa demande, le conseil municipal se réunit, et l'oncle Corentin développe ses projets : « —Nous tous, nous serons des seigneurs ou des paysans vêtus à l'ancienne. Faudra un char des Fleurs de Bretagne. Et puis, un autre char, qui représentera quéque chose d'historique, mais j'sais pas quoi : moi, j'suis pas ferré sur l'histoire. »

Les conseillers municipaux ne le sont pas davantage. On s'en va en cortège consulter le châtelain, M. le marquis de Grand-Air, très savant, et qui est l'obligeance en personne.

« —Représentez la réunion de la Bretagne à la France, conseille M. de Grand-Air. Elle s'est faite en 1491, par le mariage de la duchesse Anne avec le roi Charles VIII. Les gravures de ce volume vous indiqueront le genre des costumes. »

Pendant deux semaines, Clocher-les-Bécasses a été en ébullition. Confection des costumes... un peu fantaisistes ; essayages ; discussions parfois sur les personnages qu'on représentera. La veille de la Mi-Carême, tout est prêt. Dans la grange des Labornez, il va y avoir répétition du groupe historique.

Le vieux duc de Bretagne (c'est l'oncle Corentin), Charles VIII, la duchesse Anne, et deux fillettes qui doivent être la France et la Bretagne, attendent, très émus, l'arrivée...

...de M. de Grand-Air qui consent à donner un dernier avis. Le voilà. Le groupe se forme. « — Ce n'est pas mal, dit M. de Grand-Air, mais la Bretagne est aussi grande que la France. Ça n'est pas vraisemblable. Il faut...

... une enfant plus petite, pour la Bretagne. En avez-vous une qui puisse faire la Bretagne ? — Nous avons Bécassine. Elle fera très bien la Bretagne. Elle fait tout bien ! »

— C'te petite qu'est la Bretagne à elle toute seule ! murmure Mme Labornez en extase. Ça sera l'honneur de sa vie! » Ah! si la pauvre mère avait pu prévoir comment tournait cet honneur !

Bécassine, pendant le premier quart d'heure, est une Bretagne très digne. Puis, peu habituée à l'immobilité, elle se démène comme un petit diable : la Bretagne se révolte ! La France la maintient vigoureusement ; alors une véritable crise de fureur la saisit.

Pour la calmer, Charles VIII lui chatouille le nez avec son chapeau. Aussitôt Bécassine se saisit du couvre-chef, s'en coiffe, et n'en continue pas moins ses hurlements.

Alors l'oncle Corentin lui montre sa belle pipe en terre, où une tête de zouave est sculptée. Les hurlements cessent, Bécassine rit au zouave, mais elle met la pipe dans sa bouche. Pas plus que le chapeau de Charles VIII, elle ne veut la rendre.

C'est ainsi accoutrée qu'elle a traversé tout Clocher-les-Bécasses, à la grande indignation des spectateurs. Ce qui devait être sa gloire est devenu un scandale.

L'oncle Corentin a failli en être malade de dépit. N'a-t-il pas appris, par surcroît, que, dans le char des Fleurs de Bretagne…

… Marie Quillouch, choisie à cause de son teint jaune pour représenter le genêt, s'était battue avec la bruyère sa voisine ? Il a grande envie de déshériter ses nièces.

Plusieurs fois par jour, l'oncle Corentin vient voir sa filleule. Il l'aime beaucoup, et celle-ci le lui rend bien.

Il est si amusant, l'oncle Corentin ! Il raconte de si belles histoires !

Il fait aller Bécassine, tant qu'elle veut, « au pas », « au trot », et « au galop », sur ses genoux. Il est toujours disposé à jouer.

Il y a un jeu que Bécassine affectionne par-dessus tout. « — Parrain, zouer au petit lapin », dit-elle. Et elle va se mettre, à quatre pattes, dans un coin de la pièce, derrière la huche.

Alors, l'oncle Corentin prend un bâton, le tient comme fait de son fusil un chasseur prêt à tirer. Puis, lui et son chien Turc font mine de chercher à travers la salle.

« —Ah ! ah ! s'écrie tout à coup l'oncle Corentin en s'approchant de la huche, Turc sent quelque chose : il doit y avoir un petit lapin par ici. »

Se voyant découvert, le petit lapin (toujours à quatre pattes) détale de toute sa vitesse, poursuivi par Turc.

Il s'arrête bientôt, à bout de souffle. L'oncle Corentin épaule, vise : « — Poum ! Poum ! » crie-t-il d'une voix de stentor. « — Poum ! Poum ! » répète le petit lapin qui cabriole. Délicatement, Turc prend Bécassine-lapin par sa jupe...

... et la rapporte à son maître, qui aussitôt la met dans son carnier, et parfois la promène ainsi dans le village.

Un jour, assistant à ces ébats, Mme Quillouch, toujours un peu jalouse, a dit : « —Oncle Corentin, vous ne vous occupez que de Bécassine. Faudrait pas oublier que Marie aussi est votre nièce. Faites-la jouer au petit lapin. » Et l'on a installé Marie derrière la huche.

Mais Marie n'a pas l'humeur joyeuse de Bécassine ; elle ne sait pas jouer ; elle a peur de Turc ; et quand l'oncle Corentin crie : « —Poum ! Poum ! », au lieu de cabrioler, elle se met à pleurnicher.

Turc l'a prise tout de même pour la rapporter. Dans son effroi, elle se débat, envoie des coups de pied au hasard.

Peu habitué à des gibiers si remuants, Turc la lâche. Et le malheur veut qu'elle tombe sur du charbon de bois préparé près de la cheminée.

Elle n'est pas précisément belle, ainsi barbouillée, avec son grand nez et ses yeux louches.

L'oncle Corentin l'a consolée, puis, suivant la tradition, l'a mise dans son carnier.

Mais il se garde bien de la promener dans le village : « —On se moquerait de moi, murmure-t-il entre ses dents ; on dirait qu'au lieu d'un petit lapin, j'ai tué une chouette, aujourd'hui. »

Mme Labornez commence à initier sa fille aux soins du ménage et cherche à lui inculquer des idées d'ordre. « — L'ordre ? qu'est-ce que c'est que ça ? » demande Bécassine.

« — C'est d'avoir une place pour chaque chose, de remettre toujours les choses à la même place, et de mettre autant que possible tous les objets pareils ensemble. — J'ons compris,» fait Bécassine.

Sa mère étant sortie, elle inspecte la salle et ouvre les meubles. Dans l'armoire, elle voit une pile de serviettes blanches tout près d'une pile de jupons en flanelle rouge. « — Du rouge et du blanc, c'est point pareil, bien sûr ! »

Dans le buffet, même anomalie : voici un plat de fromage caillé à côté d'un saladier plein de tomates. Bécassine va arranger cela : elle ôte les jupons de l'armoire et met à la place le caillé.

Puis elle met les jupons dans le buffet à voisiner avec les tomates : comme ça tout le blanc est ensemble et tout le rouge ensemble. C'est bien mieux.

Continuant son inspection, elle s'avise que les verres et les carafes, c'est quasi comme la vitre ! En un tour de main, verres et carafes sont transportés sur l'appui de la fenêtre.

Tandis qu'elle est ainsi occupée un bruit insolite se produit du côté du feu. C'est une casserole dont l'eau s'est mise à bouillir, en sorte que la vapeur soulève le couvercle pour s'échapper.

Bécassine est indignée : « — C'te fumée qui ne veut point rester à sa place, c'est point de l'ordre cela. » Il faut y remédier. Bécassine prend un poêlon en terre, le plus lourd qu'elle peut trouver.

Elle le pose sur le couvercle, qui ne bouge plus ; ça, c'est un résultat ; Bécassine est ravie. Mais voilà que la vapeur se démène de plus belle et fait tout sauter. Casserole, couvercle, poêlon roulent avec fracas.

L'eau se répand dans les cendres, la chambre s'emplit de fumée.

Bécassine s'enfuit dans le jardin. Elle y trouve Marie Quillouch à qui elle raconte ses faits et gestes. Celle-ci l'écoute en ricanant, puis disparaît.

Elle revient au bout de peu de minutes, cachant dans son tablier quelque chose qu'elle pose brutalement sur la tête de sa cousine.

C'est un jeune oison, qui accroche ses pattes dans les cheveux de Bécassine, les lui tire horriblement et lui griffe la figure. La petite pousse des cris, Marie éclate de rire : « — Je fais comme toi : je mets ensemble ce qui se ressemble. »

Mais Mme Labornez, qui rentrait, a tout vu et entendu par-dessus la haie. Elle débarrasse sa fille de l'oison, la console et fait rentrer les deux enfants pour leur donner à goûter.

Elle donne à Bécassine une tartine de confiture et à Marie un morceau de pain sec et dur, et comme celle-ci réclame : « — Je mets ce qui est bon avec ce qui est bon, explique la fermière, et ce qui est mauvais avec ce qui est mauvais. Ça aussi, c'est de l'ordre. »

Bécassine a l'habitude de se lever à l'angélus. Le matin du Samedi Saint, elle demande à sa mère pourquoi on n'entend plus les cloches. « — Parce qu'elles sont à Rome, répond Mme Labornez. Elles ne vont pas tarder à revenir. »
Des cloches qui voyagent, c'est merveilleux ! Bécassine confie son étonnement à son grand ami Joël, le fils des voisins. « — Tu savais ça, toi ? — Bien sur, répond Joël, un gros réjoui qui ne pense qu'à faire des farces. Je sais même autre chose encore...
« ... C'est que si nous sommes devant le clocher au moment où les cloches arriveront, elles te donneront de bons œufs. — Et à toi aussi ? — Non, elles n'en donnent qu'aux filles : mais je t'aiderai. Dépêchons-nous. » Les voilà partis bras dessus, bras dessous...
Sur la place de l'église. « — Voilà, explique Joël. La petite cloche revient la première. Elle est maline comme tout. Elle se faufile derrière les maisons et les arbres. Guette par là c'est le côté de Rome. » Bécassine se décarcasse le cou et écarquille les yeux.
« — La v'là ! La v'là ! crie tout à coup Joël en montrant le côté opposé. — Où donc ? fait Bécassine angoissée. — Elle a filé derrière chez le boucher. C'est manqué ! »
« — Heureusement, reprend Joël, y a encore les grosses cloches. Celles-là, elles ne donnent rien si on les regarde...
« ... Alors, c'est plus prudent de se bander les yeux. Donne ton mouchoir. » Et il le noue solidement sur les yeux de la fillette.
Puis il continue l'explication : « — Les grosses cloches, elles ont des rubans. Faut tâcher d'en attraper un. Alors, on se l'attache au bras : on marche, conduit par lui. On tend la main et on répète sans s'arrêter : *Cloche qui cloche, donne mé d'z œufs !* Dites-le pour voir !...
C'est très difficile cette phrase. Non sans peine, Bécassine parvient à la prononcer. Elle est au milieu de la place, les yeux toujours bandés.

...agitant les bras à la recherche des rubans. Pendant ce temps, Joël en a ajusté un au bout d'un bâton ; il en chatouille le nez de sa victime, qui, ravie, le saisit, se l'attache au bras.

Joël remorque à travers Clocher-les-Bécasses, à la joie de tous, Bécassine, qui se croit conduite par la cloche et qui répète à perdre haleine le fameux *Cloche qui cloche...*, etc.

Cependant, Joël devient soucieux. Comment terminer une si belle farce? Soudain, en passant devant la forge, il se rappelle qu'il y a vu des boulets en charbon, qui ont tout à fait la forme d'œufs. Vite, il passe le bâton à un complice...

... se fait donner deux boulets, en pose délicatement un dans chaque main de Bécassine. « – V'la les oeufs arrivés ! » crie-t-il, et il enlève le bandeau. Bécassine n'a aucun soupçon. Comme on ne brûle chez ses parents que des ajoncs et de vieilles souches, elle n'a jamais vu de boulets, et les prend réellement pour des œufs.

Elle s'étonne seulement de leur couleur. Mais on lui déclare que ce sont des œufs de dinde.

En rentrant, elle a rencontré...

...l'oncle Corentin à qui elle a raconté ses merveilleuses aventures. « – Tu casserais tes œufs, lui a dit le bon oncle. Donne-les-moi, je te les rapporterai demain, après la messe. »

Et il les a remplacés par des œufs en chocolat. Entre temps, des petits amis ont révélé à Bécassine qu'elle avait été mystifiée par Joël. Mais elle est si bonne que, sans rancune, elle a croqué ses œufs avec lui.

Bécassine aime beaucoup les oiseaux ; elle voudrait en avoir un chez elle… « —Pour les attraper, lui dit en riant son oncle Quillouch, faut leur mettre un grain de sel sur la queue. »

Toute la journée, dans la cour de la ferme, Bécassine fait la chasse aux pierrots. Ils sont trop vifs, elle perd son sel pour rien.

Ce serait peut-être plus facile, pense-t-elle, avec la pie Margot qui niche dans le peuplier. Mais, pour un gros oiseau, il faut probablement du gros sel.

En sortant d'en prendre chez l'épicier, Bécassine rencontre Marie Quillouch et lui raconte son entreprise. « —Mais non, dit Marie, la Margot, c'est pas avec du sel que tu l'attraperas, c'est avec du fromage blanc. Va en chercher. » Marie a ses projets.

Gourmande et avare, elle aime à se régaler aux dépens des autres. Tout de suite, elle avale la moitié du fromage blanc…

…dont Bécassine a rapporté un plein bol. « —Oui, dit-elle d'un air entendu, ça pourra aller…

« …Tu vas mettre le bol sur l'appui de la fenêtre. Tu feras la même chose tous les jours… Du reste, je t'aiderai.

Et, en effet, elle l'aide consciencieusement… en avalant, chaque matin, une bonne moitié du caillé.

Ce qu'elle laisse est suffisant pour attirer la Margot, qui a vite découvert la provende et s'en régale.

Bécassine, le cœur palpitant, la guette derrière la fenêtre. Quand elle veut étendre la main pour la saisir, Marie l'arrête : « —Non ! non ! tu la manquerais. Ce sera pour demain. Demain, tu verras qu'elle sera attrapée. »

Il faut en finir : Mme Labornez s'est aperçue que son fromage filait très vite ; elle commence à le surveiller. Un matin, donc, Marie avale tout le contenu du bol, puis dit à Bécassine de mettre la tasse vide sur la fenêtre.

La pie arrive, Bécassine, persuadée du succès, ouvre brusquement la fenêtre, se précipite les deux mains en avant, pour saisir l'oiseau...

... qui, naturellement, s'envole à tire-d'aile.

Et comme Bécassine reproche à Marie de l'avoir trompée, celle-ci se met à rire méchamment : « —Je t'avais prévenue que la pie serait *attrapée* : elle l'a été, puisqu'elle croyait manger du fromage et qu'elle n'a rien trouvé dans le bol...

« ... et puis, toi aussi, tu as été attrapée. C'est bien fait, tu es trop bête ! » Mme Labornez a entendu la fin de la dispute. Elle sait maintenant où ont passé ses caillés. « —Ma petite, dit-elle à Marie...

« ... je comptais en faire d'autres et donner la moitié à ta mère. Puisque tu as déjà pris ta part, je garderai tout pour nous. »
C'est au tour de Marie d'être attrapée.

Les dents de lait de Bécassine commencent à branler. L'une, sur le devant, remue si fort que la fillette peut à peine manger. « — Il faut l'arracher ! » dit son père. Bécassine, épouvantée, se réfugie dans la grange.

Son père l'y rejoint, attache un fil à la dent, que, d'une secousse, il fait sauter. Bécassine crie comme si on l'écorchait vive.

Sa grand'mère vient d'arriver à Clocher-les-Bécasses où elle doit passer quelques jours. « —Quelle douillette tu fais ! dit-elle à Bécassine... Enfin, c'est la première dent, j'vas la garder en souvenir. »

Bécassine, pour se remettre de cette grande émotion, a été se promener dans le village. « —Tiens, lui disent ses amies, t'as perdu une dent. — Elle est pas perdue, répond-elle, puisque grand'mère l'a dans sa poche. »

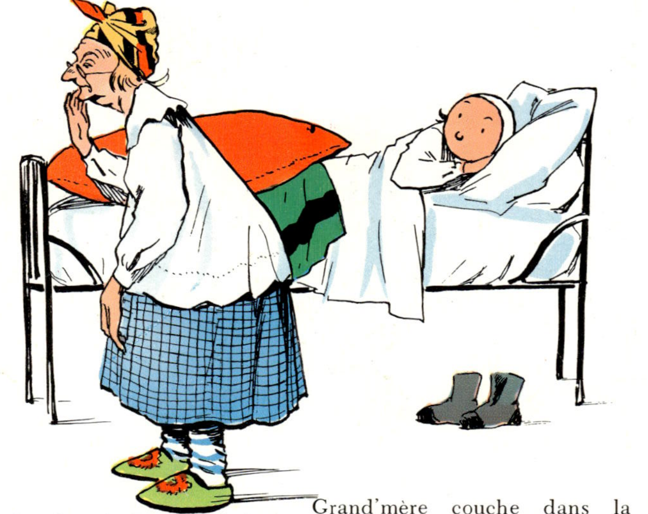

Grand'mère couche dans la chambre de Bécassine. Le soir, celle-ci est fort émue de voir son aïeule porter la main à sa bouche, et en retirer d'un coup...

... toutes ses dents : « — Pauvre grand'mère, pense-t-elle, comme ça doit lui faire mal ! Faut qu'elle soit bien courageuse ! Moi qui ai tant crié pour une seule dent ! » Elle garde ses réflexions pour elle.

Mais elles lui reviennent en mémoire, le lendemain, en voyant un dentiste ambulant qui a installé son estrade sur la place. Chaque fois qu'un paysan monte se faire opérer, l'orchestre se livre à un charivari assourdissant.

« — P'pa, demande la fillette, pourquoi qu'ils font c'te musique ? — Paraît, répond son père, que ça empêche les gens de sentir leur mal. »

En rentrant, sans le dire à personne, Bécassine a caché, sous son édredon, un tambour et une trompette que lui a donnés l'oncle Corentin. Et le soir, juste au moment où grand'mère retire son râtelier...

... un terrible vacarme éclate. Les Labornez, le valet de ferme, se précipitent dans la chambre : « — Ben, voyons, Bécassine, quoi que t'as ? C'est-y que tu deviens folle ? »

« — Mais non, m'man. Paraît que la musique, ça empêche de sentir le mal. Alors, j'en ai fait quand pauvre grand'mère, elle s'est arraché les dents ! »

Le matin, à son premier déjeuner, Bécassine a une grande assiettée de soupe, Marie Quillouch également. Mais, le jeudi, on leur octroie du café au lait, et c'est pour elles un vrai régal.

Un jeudi, c'est Bécassine qui va prendre le café au lait chez sa cousine, et, le jeudi suivant, c'est Marie qui vient chez les Labornez. Bécassine aime mieux recevoir sa cousine que d'aller chez elle, car, chez les Quillouch, on est *regardant*.

Chez les Labornez, au contraire, on est très large. Un jeudi matin, les deux petites filles sont chez Mme Labornez qui leur a versé à chacune un grand bol de café au lait. « —Et puis, dit-elle, il y a une surprise. »

Elle passe dans la pièce voisine et en revient, portant deux belles petites galettes dorées : « —Voilà la surprise. Vous ne vous disputerez pas : les galettes sont absolument pareilles. Régalez-vous ! » Les deux petites la remercient, et elle s'en va.

Bécassine s'aperçoit alors que sa mère a oublié le sucre ; elle se lève pour aller le chercher. A ce moment, Poulet, attiré par l'odeur du déjeuner, saute d'un bond sur la table, saisit une des galettes et s'enfuit avec son larcin.

« — Bécassine ! Bécassine ! crie Marie Quillouch, en faisant main basse sur le second gâteau, viens vite : Poulet emporte *ta* galette ! » Bécassine accourt, mais trop tard.

Poulet a sauté par la fenêtre, et Bécassine l'aperçoit avec le produit de son vol sur le toit du poulailler. Pendant ce temps, Marie Quillouch a englouti la seconde galette ; Bécassine a dû se contenter de pain.

« – Dame, a-t-elle dit naïvement à l'oncle, une heure après, en lui contant l'affaire, c'est point la faute à la Marie, si Poulet avait pris *la mienne.* »

Cependant, Mme Labornez s'aperçoit que Marie, après l'absorption du café au lait, n'a point la mine joyeuse qu'on serait en droit d'attendre d'elle. Elle part toujours avec l'air renfrogné. « – Cette petite est grincheuse, conclut la brave femme, on ne peut jamais la contenter. »

« – Qu'est-ce que t'as ? lui demande Bécassine. – J'ons rien ! » répond Marie, de mauvaise humeur. Le jeudi suivant, c'est Bécassine qui va chez les Quillouch.

Cette fois, il n'y a point de galette. Bécassine n'en déjeune pas moins joyeusement et de bon appétit. Le repas fini, elle remarque l'air maussade de sa cousine. « – Qu'est-ce que t'as encore ? demande-t-elle. T'aimes donc point le café au lait ? – Oh ! si, répond Marie, je l'aime beaucoup, mais je ne l'ai jamais à mon goût. »

« – Pourquoi ? – J'vas te dire : quand je le bois chez nous, j'y mets jamais assez de sucre, parce qu'il faut le ménager, et, quand je le bois chez toi, j'en mets toujours trop, parce que le vôtre, ça m'est égal qu'il file vite. Alors, mon café n'est jamais bon. »

Mme Labornez va souvent travailler chez Mme la marquise de Grand-Air. Un jour, celle-ci lui a dit : « — Envoyez-moi Bécassine jeudi matin. Elle déjeunera avec nous. Et ensuite elle jouera avec ma petite Simone. »
— Ah ben ! elle en fera une drôle de figure dans le grand monde ! » s'est écriée Mme Quillouch quand elle a connu la nouvelle. Mais l'oncle Corentin a assuré que Bécassine se tirerait de l'épreuve à son honneur. « — Du reste, a-t-il ajouté...
« ...je me charge de lui apprendre les belles manières. Et jem'y connais. A preuve que, quand j'étais piqueur chez défunt m'sieu le marquis, le père de celui de maintenant, y m'disait souvent : « Corentin, t'es bien sûr de ne pas être cousin du roi Louis-Philippe ? C'est étonnant comme tu lui ressembles. »
L'oncle Corentin commence ses leçons de belles manières en apprenant à Bécassine la révérence. Ça ne va pas sans quelques anicroches ; mais le résultat est assez bon. Ensuite viennent les conseils :
« — Il ne faut pas laisser languir la conversation. Il faut souhaiter le bonjour à tout le monde... dire des petites malices qui font rire... se rendre utile quand on peut... faire comme les autres si on est embarrassé..., etc., etc. » Le grand jour venu, il met au bras de sa nièce un panier contenant un canard et des pommes « car, dit-il, ça n'est pas poli d'aller manger le fricot des autres sans rien apporter », et il la conduit jusqu'à la grille du château.
Le valet de chambre, Joseph, introduit Bécassine dans le vestibule. « — Pose ton panier, petite, lui dit-il, et accroche ton fichu au champignon. Eh bien ! qu'est-ce que tu as à regarder par terre ? — Dame, m'sieu Joseph, j'cherche un champignon. »
« — Le voilà, bécasse, le champignon », dit Joseph en lui montrant une patère en bois. Bécassine est très surprise. Quel drôle de champignon ! Elle n'en a jamais vu comme ça. C'est probablement une espèce rare qui ne pousse que dans les châteaux.
Joseph l'a laissée seule. Elle s'ennuie. Que faire ? « — Voyons, l'oncle Corentin m'a dit de souhaiter le bonjour à tout le monde. J'vas le souhaiter à mamz'elle Mélanie, la cuisinière. » Et elle entre à la cuisine. Mélanie l'accueille avec des cris de joie.

« —Tu tombes bien. Je n'ai pas de champignons pour ma sauce. Va en demander au jardinier. —Pas besoin du jardinier, mamz'elle Mélanie, j'ai c'qui vous faut. » Et, se précipitant, Bécassine rapporte triomphalement la patère que Joseph a décorée du nom de champignon. « —Allons, bougonne Mélanie, tu n'es pas même bonne à faire une commission. Va remettre ça où tu l'as pris, et reste dans le vestibule. »

Encore le vestibule ! Bécassine y avise une armure montée sur un mannequin. Qu'est-ce que ça peut bien être ?... De la batterie de cuisine probablement. Oui, le machin rond du haut, c'est le panier à salade... le gros du milieu, la rôtissoire : et ces choses longues qui pendent c'est des poissonnières. Drôle d'idées de mettre ça dans une si belle chambre !

Et puis, c'est tout terne. Mélanie a oublié de le faire reluire. Elle va être grondée. Voilà le moment de se rendre utile. Bécassine saisit un petit tapis de soie posé sur une table, et, courageusement, fourbit le casque, qui bientôt reluit comme un miroir.

Joseph la surprend dans cette occupation et n'est pas content. « —En v'là des inventions ! Mme la marquise qui recommande de laisser à cette feraille l'air vieux !... Entre dans le petit salon, et surtout ne touche à rien. »

Dans le petit salon, dans un panneau placé juste en face de la porte, se dresse un portrait de Mme de Grand-Air. Bécassine croit être en présence de la marquise elle-même. Elle fat une révérence, en souhaitant bien poliment le bonjour. Le portrait, naturellement, ne répond pas. Alors, Bécassine, se rappelant les recommandations de l'oncle Corentin, entame la conversation.

Elle demande des nouvelles, parle du temps, des récoltes. Toujours pas de réponse. Elle est bientôt à court de sujets... Mon Dieu ! la conversation...

...va languir ! Pour éviter ce désastre, Bécassine ne trouve qu'un moyen : elle se met à chanter un cantique qu'elle a appris au catéchisme. Juste à ce moment...

...la porte s'ouvre, la marquise paraît. Bécassine reste un moment stupéfaite puis, faisant une nouvelle révérence : « —M'ame la marquise, j'savions point qu'vous aviez un'sœur jumelle. Elle est jolie comme vous, mais bien moins aimable, vu qu'elle ne répond mot à tout ce qu'on lui raconte.» Mme de Grand-Air a eu beaucoup de peine, d'abord à comprendre la méprise de Bécassine, puis à la lui expliquer.

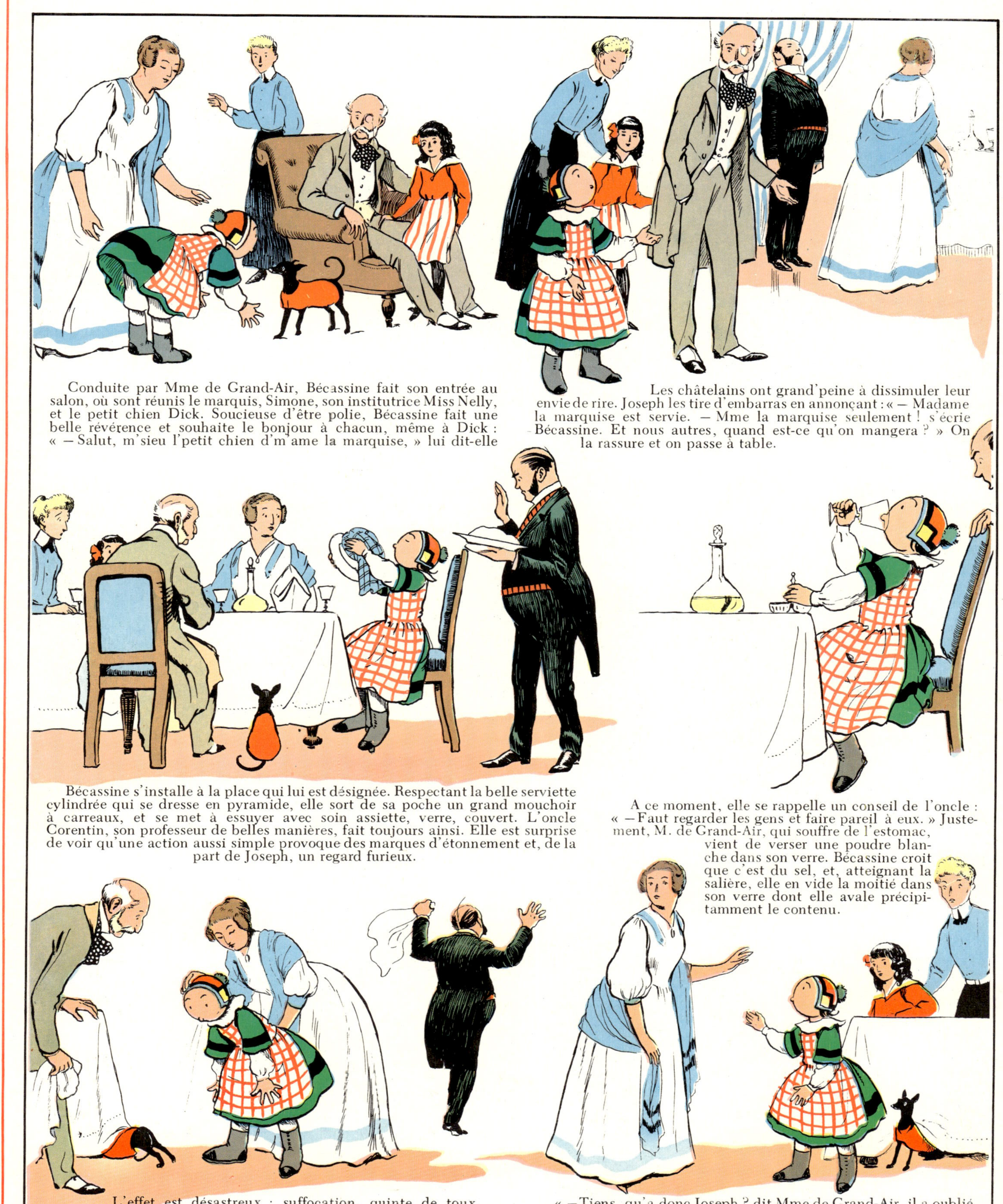

Conduite par Mme de Grand-Air, Bécassine fait son entrée au salon, où sont réunis le marquis, Simone, son institutrice Miss Nelly, et le petit chien Dick. Soucieuse d'être polie, Bécassine fait une belle révérence et souhaite le bonjour à chacun, même à Dick : « — Salut, m'sieu l'petit chien d'm'ame la marquise, » lui dit-elle

Les châtelains ont grand'peine à dissimuler leur envie de rire. Joseph les tire d'embarras en annonçant : « — Madame la marquise est servie. — Mme la marquise seulement ! s'écrie Bécassine. Et nous autres, quand est-ce qu'on mangera ? » On la rassure et on passe à table.

Bécassine s'installe à la place qui lui est désignée. Respectant la belle serviette cylindrée qui se dresse en pyramide, elle sort de sa poche un grand mouchoir à carreaux, et se met à essuyer avec soin assiette, verre, couvert. L'oncle Corentin, son professeur de belles manières, fait toujours ainsi. Elle est surprise de voir qu'une action aussi simple provoque des marques d'étonnement et, de la part de Joseph, un regard furieux.

A ce moment, elle se rappelle un conseil de l'oncle : « — Faut regarder les gens et faire pareil à eux. » Justement, M. de Grand-Air, qui souffre de l'estomac, vient de verser une poudre blanche dans son verre. Bécassine croit que c'est du sel, et, atteignant la salière, elle en vide la moitié dans son verre dont elle avale précipitamment le contenu.

L'effet est désastreux : suffocation, quinte de toux. Tout le monde s'empresse autour de Bécassine. On lui tape dans le dos, on lui fait boire de l'eau fraîche. Joseph, domestique épris de correction, sort en levant les bras au ciel, navré de voir ainsi compromis le bel ordre habituel du service.

« — Tiens, qu'a donc Joseph ? dit Mme de Grand-Air, il a oublié de changer les assiettes. » Elle se dispose à sonner ; mais Bécassine, désireuse de se rendre utile, se précipite : « — Faut pas l'déranger, m'ame la marquise, il m'a paru enrhumé ; p't-être qu'il est sorti pour éternuer. J'vas changer à sa place. »

Elle prend l'assiette de M. de Grand-Air, la met devant la marquise, fait des échanges semblables d'assiettes entre Simone, Miss et elle-même, et se rassied, très satisfaite de son heureuse initiative.

Un peu après, on passe une fricassée de poulet. Bécassine trouve cela exquis, mais un des préceptes de l'oncle Corentin la tourmente : « — On ne doit rien laisser *dans* son assiette, a-t-il dit ; ça n'est pas poli. » Ne pouvant manger les os, elle les essuie soigneusement et les dispose en bel ordre *autour* de l'assiette. Joseph, de plus en plus navré, se met en faction derrière elle, afin d'éviter de nouvelles incartades.

Le déjeuner s'achève par une délicieuse créme. Bécassine la déguste avec des mines de jeune chat. « — En veux-tu encore ? demande Mme de Grand-Air. — Ben, madame, ça serait pas de refus si m'sieu Joseph le permet. » Et, sur un signe d'étonnement de la marquise : « — J'vois bien qu'il a peur de ne plus rien avoir pour lui, il est tout le temps à me regarder quand je mange. »

On passe au salon où Joseph apporte le café. Simone sert le marquis, sa mère et Miss ; puis elle demande, pour elle et Bécassine, un « canard ». Avant que Mme de Grand-Air ait pu répondre, Bécassine s'est précipitée dans le vestibule ...

Elle en revient avec son panier de provision, et, brandissant le canard qu'elle a apporté : « — V'là c'que vous demandez, mamzelle Simone. » On lui explique qu'il y a canard et canard, et celui qu'on lui donne lui paraît délicieux.

Mais, en voyant les belles pommes rouges, M. de Grand-Air n'a pu se défendre d'un petit accès de gourmandise. Il en a pris une qu'il a croquée sans la peler et a invité tout le monde à l'imiter. Ce que tout le monde fait, sauf Bécassine qui, prenant son couteau, enlève soigneusement la pelure de sa pomme. « — Il paraît, petite, que tu es plus délicate que nous? — Non, m'sieu le marquis ; mais, en venant, j'ons laissé tomber mon panier. Une pomme a roulé dans le fumier. J'sais plus si c'est celle que vous avez mangée ou la mienne. »

« — Comment ça s'est-il passé ? a demandé anxieusement, le soir, l'oncle Corentin. — Très bien, parrain. J'me suis rendue utile et agréable. J'ai trouvé un champignon pour la sauce, j'ai fait reluire la batterie de cuisine, j'ai changé les assiettes... ils étaient contents... ils me regardaient tous en riant... J'crois bien qu'on m'invitera encore. »

En quittant le château, le jour où elle y a déjeuné, Bécassine a été faire ses adieux à Mélanie, la cuisinière. Elle l'a questionnée. « — Dites-moi, mam'zelle Mélanie, quoi que c'était, ces petits ballons qu'on a servis avec les côtelettes ?
— Des pommes de terre soufflées, petite.
« ... — Et la drôle de salade ? — De la chicorée frisée. — Et la bonne affaire blanche avec des fraises ? — De la crème fouettée. — C'était joliment bon. Est-ce que c'est difficile à faire ? — Pas pour un cordon bleu », répond Simone de Grand-Air, qui vient d'entrer ...
... et a entendu la fin de la conversation... Un cordon bleu ! Bécassine, d'abord, ne comprend pas. Puis elle remarque que Mélanie porte un tablier bleu, attaché par des cordons de la même couleur. C'est pour elle un trait de lumière.
Ces trois plats, décidément, l'ont frappée. Infatigablement, elle les décrit à sa mère. A la fin, celle-ci lui dit en riant : « — Au lieu de tant m'en parler, vaudrait mieux me les faire goûter. » Parole imprudente !...
Bécassine, qui prend la plaisanterie au sérieux, décide qu'elle confectionnera les fameux plats. Tout d'abord, puisqu'il faut un cordon bleu pour réussir, elle coupe en cachette celui d'un tablier de sa mère et se l'attache à la ceinture.
Puis, profitant d'une absence de Mme Labornez, elle inspecte la cuisine. Justement, voici des pommes de terre épluchées. Bécassine souffle dessus de toute la force de ses poumons, mais sans résultat.

Elle prend le soufflet et le fait fonctionner à tour de bras. Les pommes de terre s'obstinent à ne pas gonfler. Bécassine les met alors dans son tablier...
...et va consulter son ami Joël, son conseiller habituel. La figure ronde de celui-ci s'illumine à la pensée d'une bonne farce à faire. « — Voilà, dit-il, c'est que ton soufflet est trop petit. On réussirait avec celui du maréchal ferrant. Allons-y ! »
Le maréchal ferrant est absent, mais la porte de l'atelier est ouverte. Les deux enfants placent les pommes de terre dans le charbon de la forge, puis ils tirent de toutes leurs forces sur la chaîne du soufflet. Le feu se ranime, les pommes de terre se carbonisent...
... mais ne gonflent toujours pas. Bécassine est désolée. A ce moment, le maréchal ferrant arrive, suivi de Mme Labornez à qui une voisine a dit qu'elle avait vu sa fille entrer à la forge.
Le maréchal est furieux qu'on ait touché à son feu, et Mme Labornez non moins furieuse de voir ses pommes de terre perdues : « — En fait de soufflet, dit-elle à sa fille, c'est toi qui en mériterais un. »
Mais Joël se place devant sa petite amie : « — Faut lui pardonner : elle m'a demandé avis et c'est moi qui lui ai fait faire tout ça, pour m'amuser. » La franchise de cet aveu a obtenu la grâce des deux enfants.
Pinchon

Bécassine n'a pas été découragée par l'échec de sa première tentative culinaire : « — J'ons raté les pommes de terre, c'est vrai, » dit-elle à Joël. Puis étendant la main en un geste de serment solennel :
« — J'raterons point la chicorée frisée et la crème fouettée... Tu verras. »
Joël est fort tenté de se mêler à cette nouvelle entreprise. Mais sa mère survient, l'expédie à l'école. « — Comme ça, dit-elle, si Bécassine veut faire des bêtises, elle les fera sans toi. » Bécassine a le geste hautain du génie incompris.
Sans plus tarder, elle va inspecter le potager de la famille. Il ne contient pas de chicorée, mais voici d'autres salades : romaines, laitues, doucettes. Ça sera tout aussi bon, à condition de les friser.
Mais comment les friser ? Bécassine se rappelle que Simone de Grand-Air a de belles boucles, des boucles qui font comme des petites vagues : « — Certainement, elle s'y connaît en frisure. J'vas lui demander conseil. » Et elle court au château.
Justement, elle rencontre Simone dans le parc. Elle examine avec attention sa chevelure : « — Qu'est-ce que tu veux, Bécassine ? — Je regardions comme vous étions bien frisée, mam'zelle ; comment que vous faites ? — Tous les soirs, répond miss Nelly, je lui mets des papillotes... tiens, comme cela...
Et, prenant un morceau de papier, elle roule dessus une des boucles de la petite fille.
« — Bon ! je comprends. — Tu t'en vas déjà ? — Oui, mam'zelle, j'ons à faire à la maison. » Et Bécassine reprend en courant le chemin du logis.

A la maison, elle fouille dans le placard où on range les vieux papiers, en emporte un paquet au potager, et met en papillotes toutes les salades. « — C'que papa et maman seront contents quand ils les verront frisées ! »
Elle va essayer maintenant de faire de la crème fouettée. Cela se trouve bien, il n'y à personne à la ferme. Bécassine va dans l'écurie. Elle décroche le fouet du charretier, puis se rend à la laiterie.
Là, sont rangées des jattes de lait et de crème. Elle avise la plus grande et frappe dedans à tour de bras avec son fouet. Le lait saute de tous côtés, les murs sont éclaboussés.
Bécassine en a jusque dans les cheveux, elle est blanche des pieds à la tête. A ce moment, sa mère rentre et lève les bras au ciel en voyant le désastre.
Elle enlève le fouet des mains de sa fille : « — Mais est-ce que tu deviens folle ? — Non, maman : je voulions faire de la crème fouettée comme au château. » Mme Labornez appelle son mari pour lui conter l'affaire.
Il arrive furieux, car il est passé par le potager : « C'est-il toi, petite malheureuse, qui as entortillé de papier mes salades ? — Oui, papa, c'est pour les friser comme la chicorée, ça sera bien meilleur. »
M. et Mme Labornez commencent à désespérer de leur fille. On l'emmène pour la débarbouiller et on lui défend de s'occuper désormais de cuisine.
Pinchon

Grande fête à Clocher-les-Bécasses. Yvonne Quénech, cousine des Labornez, se marie. Le matin de la cérémonie, Bécassine, qui est demoiselle d'honneur, procède à sa toilette avec un soin inaccoutumé.
Elle a une robe neuve, un tablier neuf, des souliers neufs, Pourtant, elle n'est pas satisfaite : pour un mariage, pense-t-elle, on doit s'habiller autrement que pour une fête quelconque. Alors, avisant la couronne de fleurs d'oranger...
...de sa mère, qui fait le plus bel ornement de la commode, elle s'en empare. Mme Labornez survient, remet la couronne en place et manifeste son mécontentement par quelques taloches.
« – C'est toujours comme ça, bougonne Bécassine ; maman fait exprès de trouver mes idées mauvaises. Eh bien! elle ne saura pas celle que j'ai eue pour mon bouquet de demoiselle d'honneur!» Et elle se met en route, emportant le bouquet soigneusement enveloppé.
Au moment du départ pour la mairie, Bécassine défait son paquet et prend place dans le cortège en tenant fièrement à la main un superbe chou-fleur. « – Des fleurs, ça ne sert à rien, explique-t-elle, tandis que ça, les mariés le mangeront demain. Et puis, c'est de la fleur aussi, puisque c'est un chou-fleur ! »
C'est l'oncle Corentin qui préside la cérémonie. Il vient d'être nommé maire. Il est très fier de cette dignité. Il est pompeux, solennel. Son écharpe tricolore est large comme une serviette.
« – Tiens ! dit sans malice aucune Bécassine, probable que l'pauvre oncle a mal au ventre, pour s'y être mis une ceinture comme ça. – Silence ! » crie M. le maire d'une voix courroucée. Mais il n'est pas facile d'empêcher Bécassine de parler.

Au moment où l'oncle Corentin demande aux fiancés s'ils s'acceptent pour époux, Bécassine s'écrie, impétueusement : « — C'te bêtise ! Manquerait plus que ça qu'ils nous aient dérangés pour rien ! » Il s'en faut de peu qu'on expulse la bavarde.

Quand le calme est rétabli, l'oncle Corentin commence son discours. Il parle très bien, d'une voix grave : « — C'est comme si qu'il chanterait », dit Bécassine. Et tout d'un coup, remuée par ce beau discours, elle se met à pleurer. De la voir pleurer, les époux, leurs parents, M. le maire lui-même, déjà très émus, pleurent aussi.

Mais ils font de telles grimaces que, sans transition, Bécassine passe des pleurs à un accès de fou rire. Et, cette fois encore, l'exemple est contagieux. Toute la noce, maintenant, se tord.

C'est l'usage à Clocher-les-Bécasses de faire une quête à la mairie. La demoiselle d'honneur en est chargée. Bécassine commence par refuser. « — J'suis pas une mendiante ! » dit-elle. Il faut une admonestation de sa mère pour la décider.

La quête est longue. On ne met généralement qu'un centime dans la bourse. Ceux qui n'ont pas de centimes mettent un sou et reprennent la monnaie.

Mais Marie Quillouch, peu scrupuleuse, a mis un sou et repris six centimes. Bécassine, indignée, l'appelle voleuse des pauvres. M. le maire a grand'peine à séparer les deux cousines qui en sont venues aux mains.

A la porte de l'église, Bécassine a une discussion avec le bedeau, qui s'oppose à ce qu'elle entre avec son chou-fleur. Mais, heureusement, elle se tient fort bien pendant la cérémonie : elle se dédommagera au déjeuner.

Après la cérémonie religieuse, la noce précédée des musiciens, se rend dans un joli pré, bien ombragé, où une grande table est dressée. Pendant qu'on achève les préparatifs du déjeuner…
… Yvonne, la mariée, réunit jeunes filles et fillettes et leur distribue, suivant l'usage, les fleurs d'oranger de son bouquet.
Bécassine, pendant ce temps, a été jouer avec son ami Joël. Quand elle revient, la distribution est terminée.
« — Ma pauvre petite, lui dit Yvonne, comme je suis ennuyée de ne plus avoir de fleurs d'oranger pour toi ! On dit que ça porte bonheur. Qu'est-ce que je pourrais te donner à la place ? — Ben ! répond Bécassine, donne-moi une orange. Ça me portera encore plus bonheur, puisque je la mangerai. »
On a mis la jeunesse à un bout de la table. Tout ce petit monde est gai, remuant, mais se tient assez bien. Cependant Joël manifeste un peu d'inquiétude en voyant la gloutonnerie avec laquelle Marie Quillouch mange et boit. Marie a un plaisir d'avare à se bourrer quand elle est chez les autres.
Soudain, elle pâlit, verdit. « — M'ame Quillouch, crie Joël, vot'fille qu'est malade ! » Mme Quillouch se précipite. Elle soupçonne bien la cause du malaise.

« — Ben, réplique Bécassine avec sa franchise impitoyable, aujourd'hui c'est pas d'la vapeur qu'elle a ; c'est du liquide : elle a bu la moitié de la carafe de cidre à elle toute seule ! »

... Mais elle veut sauver la réputation de sa fille. « — Depuis quelque temps, explique-t-elle, Marie a souvent des vapeurs. »

Cependant, Bécassine n'a pas son entrain habituel. Elle est préoccupée. Elle compte sur ses doigts ; elle compte les convives en disant tout haut leurs noms. Il est visible qu'un grave problème la tourmente. Quand on se lève de table, elle réunit ses amies. « — J'y comprends rien, leur dit-elle ; moi, j'étais entre Yvon et Joël ; Marie, entre Joël et Nicolas ; Anna, entre Nicolas et Yann ; et tout le temps comme ça, une fille entre deux garçons...

« ... alors ça devrait faire deux fois plus de garçons que de filles. Eh bien ! j'ai beau compter, je trouve toujours juste autant des uns comme des autres. Expliquez-moi ça, si vous pouvez ! »

Mais, juste à ce moment, les joueurs de biniou commençaient leur musique ; la farandole se forma, et la pauvre demoiselle d'honneur n'a jamais eu l'explication de ce si curieux phénomène.

Bécassine a six ans. Il faut qu'elle commence à s'instruire. On l'emmène à la ville et on lui achète livres, cahiers, plumes et crayons. En outre, sa mère lui fait beaucoup de recommandations.

« —Il faudra, lui dit-elle, être bien obéissante, bien polie, et surtout bien soigneuse : avoir toutes tes affaires bien rangées, comme je t'ai déjà montré : les choses pareilles ensemble ; en classe, on ne supporte point le désordre. »

Bécassine écoute bien attentivement. En rentrant avec ses achats, elle les examine de nouveau et trouve que son livre de lecture n'est point en ordre : il y a un tas de signes noirs, des gros, des petits, des longs, des ronds, tout ça pêle-mêle.

Il s'agit de mettre ensemble ce qui est pareil. Elle prend des ciseaux et découpe son alphabet en petits morceaux…

… puis elle recolle toutes les lettres semblables côte à côte sur les pages de son cahier.

Ses parents ne s'aperçoivent du désastre que quand il est trop tard. On gronde Bécassine, et on lui achète un autre alphabet, avec défense de le perfectionner.

Le lendemain, elle se rend à l'école et elle assiste à la première leçon qu'elle trouve « point intelligente » : la maîtresse est debout devant un tableau noir où elle fait de vilains petits dessins.

Elle les montre au bout d'une règle, en criant : â ! â ! â ! comme si elle appelait, ô ! ô ! ô ! comme si elle riait, î ! î ! î ! comme si elle pleurait. Toutes les élèves répètent après elle. Si Bécassine répétait comme ça tout le temps la même chose chez elle, pour ennuyer le monde, elle recevrait une paire de taloches.

Ensuite vient la leçon d'écriture. Bécassine commence par tremper le gros bout du porte-plume dans l'encrier...

... puis se frotte la joue avec, pour chasser une mouche, ce qui cause une hilarité générale. Elle est toute barbouillée, la maîtresse l'envoie se laver.

Quand elle revient, elle se remet à son devoir en s'appliquant de son mieux, mais ne réussit pas du tout. « — Ce n'est pas bien, lui dit la maîtresse, tu recommenceras chez toi et tu tâcheras de m'apporter demain de beaux bâtons bien droits.

Bécassine rentre à la ferme : « — M'man, j'ons un devoir à faire. »

« — Eh bien, dépêche-toi, ma petite. » Bécassine se retire. Ne la voyant pas revenir, sa mère la cherche. Elle finit par la trouver dans le bûcher, accroupie devant un tas de fagots Bécassine rogne et racle des branches mortes.

« — Qu'est-ce que tu fais là, au lieu de t'occuper de ton devoir ? — Mais je le faisions, mon devoir, répond Bécassine en montrant ses baguettes : j'apprêtions des bâtons bien droits, comme la maîtresse me l'avions commandé. »

Bécassine sait maintenant tracer toutes ses lettres, aussi la maîtresse a déposé devant elle, ce matin, un beau modèle d'écriture à copier :

Paris est la capitale de la France. « Il faut remplir toute la page, » a dit Mademoiselle qui s'en va, laissant l'écolière livrée à ses propres ressources. Bécassine est effarée.

« —Remplir toute la page, ça va pas être commode, » se dit-elle. Elle trace cependant un énorme **P** majuscule qui commence en haut de la première ligne et finit en bas de la dernière.

« —C'est-y bien comme ça ? demande-t-elle à Marie Quillouch, en le lui montrant. —Très bien, » répond méchamment celle-ci. Et Bécassine perfectionne son chef-d'œuvre ; puis, comme il reste des espaces vides, elle les remplit par une série de petits pâtés.

Comme elle termine, une de ses camarades s'aperçoit de ce qu'elle a fait et ne peut retenir un grand éclat de rire. Marie Quillouch, alors, saisit le cahier et le montre à toute la classe qui s'amuse follement.

Marie espérait que la maîtresse rirait aussi, elle est déçue. Mademoiselle lui prend le cahier des mains en lui disant que le devoir de sa cousine ne la regarde pas ; sans doute qu'elle préfère une enfant docile comme Bécassine à une petite gale dont l'esprit n'est tourné qu'à faire des méchancetés.

A ce moment, le voiturier se présente, il apporte un colis ; c'est une balance que Mademoiselle a fait venir de Quimper pour donner des leçons de choses à ses élèves.

Mademoiselle commence tout de suite le déballage, à la grande joie des enfants. « – Ah ! dit-elle en ouvrant la caisse où se trouve la balance, on a oublié les poids. Je vais être obligée d'écrire pour les demander. »
« – C'est point la peine, Mademoiselle, dit Bécassine, il y en a chez nous, je vas vous en chercher si vous voulez, – Je veux bien ; va, ma petite. » Bécassine s'élance au dehors. Sur le seuil, elle se retourne :
« – Combien faut-il que j'en prenne? – Tout ce que ta mère aura, je les lui rendrai. » Bécassine court chez elle et parlemente avec sa mère. Une heure s'écoule.
Enfin, on entend, sur la route, le trot d'un âne. C'est Bécassine qui revient, montée sur son baudet. De chaque côté du bât sont accrochés deux immenses paniers remplis de petits pois.
Bécassine saute à terre et, s'avançant vers la maîtresse : « – Voilà, mademoiselle; il a fallu le temps de les cueillir; mais pour les rendre, n'ayez crainte, m'man a dit comme ça qu'ils ne vous feriont point mal au cœur. »
Hilarité dans toute la classe. Marie Quillouch ricane et, se penchant vers sa voisine : « – Je savions bien qu'elle se trompait, mais je l'avions laissée faire. » Mademoiselle a entendu : « – Ma petite Bécassine, dit-elle...
« ... avertis ta maman que je l'invite à dîner avec toi, demain soir, pour manger les petits pois. » Et le lendemain, Mme Labornez et sa fille, vêtues de leurs plus beaux habits, ont mangé, chez la maîtresse d'école, les petits pois accompagnés d'un excellent canard et de beaucoup d'autres bonnes choses. Marie Quillouch en a été malade de dépit.
Pinchon

Bécassine ne se porte pas très bien. Elle est languissante, pâlotte. Ses parents s'inquiètent et décident de consulter. Mais son père voudrait appeler le vétérinaire, dont les visites ne coûtent que vingt sous, et cette idée indigne Mme Labornez. « — Autant dire que not' fille n'est qu'une bête ! » L'oncle Corentin les met d'accord en déclarant qu'il paiera de sa poche le médecin.

Il en fait venir un de Quimper. Celui-ci arrive un beau matin, examine, ausculte l'enfant : « — Ce n'est pas grave ..., la croissance, les premières chaleurs. Il lui faut un peu de quinquina, du grand air, et surtout du repos, du repos intellectuel. Ne la surmenez pas. »

La fin de l'ordonnance enchante l'oncle Corentin : fatigue intellectuelle, surmenage, ce sont des maladies de savants. Donc Bécassine est en train de devenir une savante. Quel orgueil pour l'excellent oncle ! D'un ton négligent qui cache mal sa fierté, il dit, le soir, à ses amis : « — Ma nièce Bécassine va être obligée d'interrompre ses études : elle se surmène ! »

Mais il faut prévenir l'institutrice. L'oncle Corentin va lui faire visite et la met au courant. « — C'est fâcheux, remarque Mademoiselle. Bécassine commençait à savoir ses lettres ; elle les oubliera. Enfin, la santé avant tout ! — Ne vous inquiétez pas, mademoiselle, répond l'oncle Corentin, qui n'est jamais à court d'expédients. J'ai une idée! »

En sortant de l'école, l'oncle Corentin va chez le papetier, fait des achats.

Rentré chez lui, il dessine, sur des morceaux de carton, les lettres de l'alphabet. Puis il explique son projet aux Labornez.

« — Bécassine, dit-il, gardera les bestiaux. On leur mettra au cou à chacun une de ces pancartes, et elle appellera les animaux par le nom de la lettre. Comme ça, elle prendra l'air sans oublier son alphabet. »

Le lendemain matin, c'est une stupeur générale dans Clocher-les-Bécasses quand on voit défiler l'alphabet vivant. On n'ose pas trop rire, cependant, à cause de l'oncle Corentin, que tout le monde aime, et qui est une autorité, qui est Monsieur le maire.

Du reste, il ne pense pas à se fâcher : « — Riez si vous en avez envie, dit-il avec sa bonhomie habituelle. Vous rirez moins quand vous me verrez décoré des palmes de l'Académie, pour mon système, le système Corentin, un système merveilleux pour apprendre à lire aux bergers et aux bergères ! »

En attendant ce beau jour, Bécassine trouve fort agréable la vie qu'elle mène. Elle passe ses journées dans un joli pré ; elle applique consciencieusement le système Corentin. Sans cesse, on l'entend crier : « — Eh ben ! L, quoi donc que t'as à courir comme ça ?... Brigand de C, tu vas-t'y encore te sauver ?... », etc., etc.

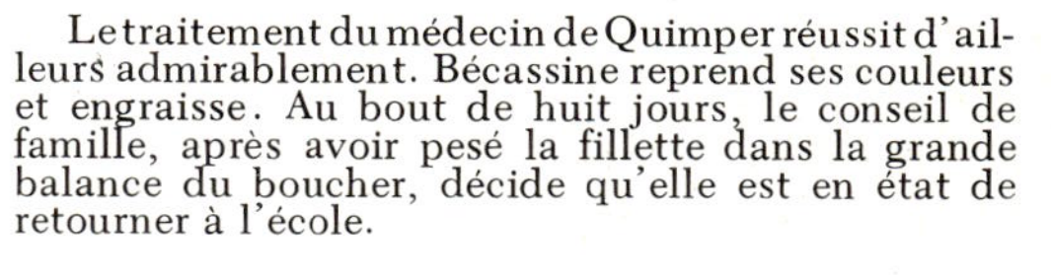

Le traitement du médecin de Quimper réussit d'ailleurs admirablement. Bécassine reprend ses couleurs et engraisse. Au bout de huit jours, le conseil de famille, après avoir pesé la fillette dans la grande balance du boucher, décide qu'elle est en état de retourner à l'école.

L'oncle Corentin l'y accompagne, le cœur battant : son système va-t-il triompher ? « — Mademoiselle, dit-il, voulez-vous écrire au tableau noir quelques lettres ? Vous allez voir comme Bécassine les connaît bien. » Mademoiselle a écrit : « — Allons, Bécassine, dit-elle épelle-nous ce que j'ai tracé. »

« — C'est ben facile, mam'zelle : y a la vaque, l'dindon, l'cochon (sauf vot'respect), l'âne, et puis au bout, c'te pauv'Blanchette qui s'est fait croquer par un renard. »

Phénomène étrange ! Pendant plusieurs mois, Bécassine, malgré tous ses efforts, n'a pu s'empêcher de donner aux lettres des noms d'animaux, et aux animaux des noms de lettres.

C'est la faute du système Corentin. L'oncle est navré. Il ne sera pas décoré. Dès qu'il s'endort, les palmes académiques tant espérées lui apparaissent sous la figure d'un petit farfadet moqueur qui lui fait des grimaces.

Il n'y a qu'un seul parapluie chez les Labornez, un énorme parapluie en coton rouge qui vient des grands-parents. Il sert à toute la famille. Quand on va au marché, il suffit à abriter la charrette entière.

Maintenant que Bécassine est une grande fille, on lui prête parfois le parapluie rouge. Mais elle le trouve terriblement lourd. Un jour de tempête, elle a failli être enlevée par le vent.

Elle a heureusement lâché le parapluie à temps ; mais ce n'est qu'au prix d'une course folle qu'elle a pu le rattraper.

Elle demande à son père de lui en acheter un qui soit mieux proportionné à sa taille. Conan Labornez jette les hauts cris : « — C'que c'est que l'luxe à c't'heure ! Bientôt, il te faudra des robes en or pour garder les bêtes ! »

Sa mère et l'oncle Corentin sont plus généreux. Et, le jour de sa fête venue, Bécassine reçoit, avec quelle joie ! l'objet de ses rêves. Elle ne se lasse pas de l'admirer. Il y a « du sculpté » sur le manche ; l'étoffe brille comme de la soie.

Vingt fois, elle embrasse et remercie l'oncle et sa mère, son père, aussi, qui a protesté pour la forme, mais qui est enchanté du plaisir de la fillette.

Le lendemain, il pleut à verse « — Bonne occasion pour étrenner ton parapluie, Bécassine. — Bien sûr, m'man, tu dis ça pour rire. C'est-y un temps à sortir un parapluie neuf ? L'eau l'abîmerait. » Sa mère s'efforce à lui faire comprendre...

... qu'un parapluie est surtout utile les jours de pluie. Un peu de bleu apparaissant au ciel, Bécassine se laisse persuader et sort. Comme il tombe encore quelques gouttes, elle tient fermé le précieux parapluie. Même, elle l'enveloppe avec un journal dont elle s'est munie.

Elle l'ouvre tout grand, au contraire, dès que le soleil se met à briller, et elle le promène dans toutes les rues du village, même celles où ne l'appellent pas les achats dont sa mère l'a chargée.

« — Et ton parapluie ? » demande Mme Labornez quand elle rentre à la maison. Hélas ! plus de parapluie! Bécassine l'a perdu. Pleurs, désolation. « — Retourne vite dans les boutiques où tu as acheté. Tu le retrouveras. »

Ce sera vite fait : elle ne s'est arrêtée qu'à la boucherie, à la boulangerie et à l'épicerie. Rien dans les deux premières maisons : « — Un parapluie ? Non, on n'a pas vu de parapluie. »

Mais, ô joie! Le voilà chez l'épicier. Il est encore posé contre le comptoir, là où l'a laissé Bécassine. Elle se précipite sur lui, le caresse, l'embrasse et l'emporte comme ferait une mère de son enfant.

« — M'man, crie-t-elle en rentrant, le v'là, le v'là. Seulement, faudra te méfier : les deux autres marchands ne sont pas si honnêtes que l'épicier : ils n'm'ont point rendu mon beau parapluie, eux ! »

« — Petite, a dit un soir l'oncle Corentin, faudra te faire belle demain. J'vas à la ville et je t'y emmène. » Bécassine, qui n'a jamais quitté son village, est enchantée de visiter Quimper.

Elle ne l'est pas moins de faire le trajet dans la belle charrette neuve de l'oncle. Tout le long de la route, elle adresse des saluts d'impératrice aux gens, connus ou non, qu'elle rencontre.

Elle espérait bien se montrer dans Quimper en équipage, et elle est très désappointée quand, à l'entrée de la ville, l'oncle s'arrête à l'auberge du *Soleil d'Or*, et déclare qu'on va y laisser cheval et voiture.

Elle est inquiète aussi : les gens de la ville, c'est si malin ! Si on allait changer le cheval pour un tout pareil qui ne serait pas si bon ? Aussi, pendant que l'oncle parlemente avec le patron de l'auberge, elle entre dans l'écurie et commence à compter les crins de la crinière du cheval. Comme ça, elle le reconnaîtrait entre cent. Malheureusement, l'opération est compliquée et l'oncle vient chercher Bécassine avant qu'elle ait terminé.

La ville, c'est moins beau qu'elle ne croyait : bien sûr qu'elle ne voudrait pas habiter dans des maisons si hautes ; ça lui ferait trop d'étages à descendre et remonter quand elle aurait oublié une commission.

On arrive devant la cathédrale. « —Admirable monument gothique», commence l'oncle Corentin. Mais Bécassine, qui n'a pas l'âme artiste, n'admire pas. Même, remarquant en haut du portique, la statue équestre du roi Gral-lon, elle déclare que ça n'a pas de bon sens de mettre un monsieur à cheval à des hauteurs pareil-les. L'oncle n'est pas très content de n'avoir pas pu placer son petit discours. La promenade reprend sans entrain.

Soudain, Bécassine tombe en arrêt devant une pompe où des ménagères emplissent des brocs. C'est un objet inconnu à Clocher-les-Bécasses, où l'on ne peut s'alimenter d'eau qu'à une source en dehors du village.

« —Oh! oncle, s'écrie Bécassine, faut acheter une affaire comme ça pour le mettre *cheux nous*, dans le milieu de la place. —Mais ça ne servirait à rien puisqu'il n'y a pas d'eau dans le village. —Ben, c'est justement pour ça, riposte Bécassine : c'te mécani-que, ça en ferait venir.»

A ce moment retentit la musique d'un régiment qui se rend au champ de manœuvres. Bécassine danse de joie. « —Oh ! la belle musique ! C'est *core plusse mieusse* qu'not'orphéon. » Mais, n'ayant jamais vu de soldats, elle est surprise par les uniformes et demande...

... comment on appelle *ces messieurs-là*. « Ce sont des chasseurs à pied, répond l'oncle Corentin. — J'vois bien qu'y sont à pied, et que c'est des chasseurs, puisqu'ils ont des fusils... Mais c'est ben encore une idée des gens de la ville de faire tant de bruit en allant à la chasse. Ben sûr, ils n'attraperont pas de gibier ! »

Ces menus incidents ont rendu toute sa gaieté à l'oncle Corentin, et c'est d'un pas allègre qu'il entraîne Bécassine vers le musée.

Le musée de Quimper, où l'oncle Corentin et sa nièce viennent d'entrer, renferme une collection de figures de cire, de grandeur naturelle, habillées de costumes de toutes les régions de la Bretagne. La contrée de Clocher-les-Bécasses y est particulièrement bien représentée. Bécassine, dès la porte, pousse un cri de joie. « — Oh ! c'te chance ! Tous ceux de chez nous qui sont venus nous rejoindre ! Tiens, oncle, regarde : V'là l'oncle et la tante Quillouch… et puis la cousine Yvonne, et puis Joël. J'vas les embrasser ! »

L'oncle Corentin et le gardien l'arrêtent au moment où elle escalade la balustrade. Malgré leurs explications, elle persiste à croire qu'elle est en présence de sa famille…

…et pleure à gros sanglots de ne pouvoir leur témoigner son affection. Il faut l'emmener.

L'oncle Corentin la console de son mieux ; puis, la voyant tomber en arrêt devant l'affiche d'un petit théâtre où l'on donne des séances de prestidigitation, il décide de la laisser assister seule à la représentation pendant que lui-même fera ses courses.

Il lui paye un fauteuil, la recommande au controleur, lui recommande de ne pas quitter sa place avant qu'il revienne la chercher, puis s'en va. Bécassine s'installe dans la salle encore vide, car la représentation ne commencera que dans un quart d'heure.

Peu après, le prestidigitateur, qui a besoin d'un compère pour un de ses tours, vient inspecter la salle. En voyant la bonne figure ahurie de Bécassine, il pense que personne ne songera à la soupçonner de complicité. « — Tu vois cette pièce de cinq francs, petite ? lui dit-il. Mets-la dans ta poche. Quand je te le dirai, tu monteras sur l'estrade et tu sortiras la pièce. Tu auras deux sous pour ta peine. Mais je ne peux pas te les donner maintenant…

...parce que je n'ai pas de monnaie. C'est compris ? — Oui, m'sieu. » Bientôt la salle s'emplit, la séance commence. « — Mesdames et messieurs, dit le prestidigitateur, je prends une pièce de cinq francs ; je la touche de ma baguette magique. Vous le voyez : elle a disparu. Eh bien ! cette pièce...

... elle est maintenant dans la poche de cette petite fille. (*il désigne Bécassine.*) Allons, montez sur l'estrade, mon enfant, et videz votre poche. » Bécassine, très fière de son importance, enjambe la balustrade, se hisse sur l'estrade, et aussitôt...

...sort de sa poche une poignée de piécettes et de gros sous. « — V'là les cinq francs, m'sieur l'faiseur de tours. Vous pouvez compter, tout y est. J'ons fait d'la monnaie à l'ouvreuse, pour que vous me donniez mes deux sous. » L'opérateur, furieux, la renvoie à sa place.

Et, pour sauver les apparences, il prétend qu'il a voulu faire une plaisanterie. La représentation finie, le théâtre se vide. Bécassine, malgré l'ouvreuse et le contrôleur, refuse de sortir de la salle. Elle trépigne, se cramponne au fauteuil.

« — L'oncle Corentin, crie-t-elle, m'a commandé de ne pas quitter ma place. —Mais, petite bête, tu l'attendras aussi bien devant le théâtre. » La discussion s'éterniserait si l'oncle ne revenait juste à ce moment.

Pendant le retour, Bécassine est silencieuse. « A quoi penses-tu ? » lui demande son oncle. —Eh ben ! oncle, je m'disais que les gens de la ville, ils font les fiers et ils s'croient ben malins. Tout de même, quand ils ont voulu faire un joli tour, ils sont venus me demander de les aider. »

Simone de Grand-Air et quelques-uns de ses petits amis ont obtenu la permission de faire une promenade en mer avec des pêcheurs qui doivent aller au large jeter leurs filets. Bécassine est de la partie. Tout ce petit monde s'embarque joyeusement, sous la surveillance de miss Nelly.
Mais, à peine s'est-on éloigné de la côte, le temps se brouille. Le vent s'élève, la barque est secouée en tous sens, et de gros paquets de mer s'y engouffrent.
– Les enfants commencent à s'effrayer ; le patron les rassure de son mieux : « – Ce n'est qu'un grain, dit-il, cela va passer. » Et il commande au mousse d'épuiser l'eau qui s'est accumulée au fond du bateau.
Celui-ci, à l'aide d'un récipient, s'acquitte consciencieusement de sa tâche ; mais de nouvelles vagues surviennent et c'est toujours à recommencer. Bécassine observe le travail du mousse avec une dédaigneuse pitié.
« –C'est vraiment point la peine de se donner tant de mal, dit-elle ; ça serait si simple de faire un trou dans le fond du bateau : comme ça, l'eau sortirait toute seule. »

Le grain, heureusement, a passé rapidement et le temps est redevenu calme. Les pêcheurs ont jeté leurs filets qu'ils ont relevés pleins. On regagne le rivage.
Sur la plage, on a procédé au triage des poissons, et l'un des pêcheurs a donné à Simone deux gros coquillages vides qu'elle avait beaucoup admirés.
Celle-ci, enchantée, les a portés à ses oreilles ; puis, appelant Bécassine : « —Tiens lui a-t-elle dit, écoute aussi le bruit de la mer. » Bécassine a écouté, ce qui a paru vivement l'intéresser.
En rentrant, elle court à la cuisine, prend deux écuelles et les applique sur ses oreilles. « — Que fais-tu là ? demande sa mère. — M'man, répond Bécassine, je cherchions à entendre bouillir le pot. »
« — Que veux-tu dire ? — Dame, puisqu'on entend le bruit de la mer dans les coquilles, je pense qu'on doit entendre le bruit du pot-au-feu dans les écuelles. »
Pinchon

Un jour, sur un morceau de journal qui enveloppe un paquet, Bécassine lit cette phrase : « — La pauvre enfant était malheureuse comme les pierres. » Comme elle a le cœur sensible, elle se dit que les pierres sont en effet très malheureuses...

Pauvres pierres ! on marche dessus, on les jette violemment. Le lendemain, en rentrant de l'école, elle écarte du chemin, met dans le fossé ou sur le talus toutes les pierres : « — Comme ça, on ne *pilera* pas dessus. » M. et Mme de Grand-Air viennent à passer et ne se doutant pas du motif qui la fait agir, la félicitent de nettoyer le chemin.

Mais, en retournant à l'école après déjeuner, elle voit deux hommes les yeux protégés par des lunettes, qui, à grands coups de marteau, cassent les cailloux. Elle est indignée : « — Ça, c'est trop méchant ! » Ses observations étant mal accueillies...

... elle ne trouve qu'une chose à faire : c'est de ramasser le plus possible de ces pierres si infortunées, d'en emplir son tablier, de les rapporter à la maison.

Là, soigneusement, elle les aligne sur les planches du cellier. Maintenant, au moins, elles seront tranquilles !

Et comme sa mère lui demande des explications : « — J'avons apporté ces pauvres pierres, répond-elle, pour que les *casseux* leur fassiont point de mal. » Mme Labornez a été d'abord étonnée...

Puis a fini par comprendre. « — En a-t-elle un cœur, not'fille ! » a-t-elle dit, avec émotion, à son mari, en lui narrant l'histoire. Conan Labornez a été moins charmé.

Ce qui désole aussi Bécassine, c'est de voir l'oncle Corentin faire la chasse aux pauvres oiseaux, aux lapins, etc. Chaque fois qu'il revient avec son carnier plein, elle se lamente sur le sort des victimes.

Soudain, une bonne idée lui vient. Elle s'enferme dans sa chambre, déchire en petits morceaux quelques feuilles de son cahier et, sur chaque morceau, écrit les mots que vous voyez reproduits à droite.

Puis elle va disperser ses billets sur la grève et sur les buissons du voisinage.

Le lendemain matin, elle regarde d'un œil plein de malice l'oncle Corentin prendre son fusil, boucler son carnier, se mettre en route. Elle attend le soir avec impatience.

Toute la famille est déjà à table quand le chasseur rentre... les mains vides. « — C'est curieux, dit-il en posant son fusil contre la cheminée, je n'ai absolument rien tué, aujourd'hui. Je n'ai pas vu un seul lièvre ni une seule bécasse. »

Bécassine est au comble du bonheur, elle a peine à contenir sa joie. Quand elle est couchée...

...l'oncle Corentin va chercher son carnier, débordant de gibier, qu'il avait caché dans la remise.

Puis il a sorti de sa poche et a montré à M. et Mme Labornez tous les billets de Bécassine qu'il avait ramassés le long de sa route. Ils ont décidé de ne pas la détromper: son intention avait été trop bonne!

Le joli âne qui, si souvent, a promené Simone de Grand-Air, se fait vieux et, pour ménager ses forces, Mme de Grand-Air décide d'acheter un second âne. Justement, il va y avoir une foire au bourg voisin.
Le matin de la foire, le cocher est pris d'une crise de rhumatismes, M. et Mme de Grand-Air, attendant des amis, ne peuvent sortir. Il faut donc que miss Nelly et son élève se chargent de l'achat. Elles sont un peu effrayées de cette responsabilité.
« — Si nous demandions à Bécassine de venir avec nous », propose Simone. Mme de Grand-Air n'a guère confiance dans ses lumières ; cependant, elle l'envoie chercher et lui explique ce qu'elle attend d'elle.
« — Les bêtes, ça me connaît, affirme Bécassine : on aura du beau, du bon, et du pas cher. » La première personne qu'elle aperçoit en arrivant sur le champ de foire est son oncle Quillouch. « — Y a pas plus malin dans tout le pays, dit-elle à ses compagnes. Faut le suivre et voir comment il s'y prend. »
L'oncle Quillouch va et vient dans la foule, riant et plaisantant, feignant de ne pas s'intéresser aux animaux, et cependant les détaillant du coin de son petit œil rusé
De temps à autre, il s'approche d'un cheval, lui applique sur la croupe une tape à lui faire plier les jarrets, afin d'éprouver leur résistance...
... puis il ouvre la bouche du cheval et regarde longuement sa mâchoire.
« — On va faire comme l'oncle ! » déclare Bécassine et elle entraîne Simone et miss Nelly vers le quartier des ânes. Elle est connue et aimée dans le pays. Tous les marchands l'appellent : « — Par ici, Bécassine. On te fera de bons prix. »

Elle est très fière de sa popularité, mais n'en laisse rien paraître. Imitant son oncle, elle se promène avec des mines d'indifférence.
Tout à coup, elle se précipite sur un des ânes et lui applique, toujours à l'imitation de son oncle une formidable tape sur la croupe.
L'âne riposte par une ruade ; Bécassine roule par terre. Heureusement, elle a été à peine effleurée. Elle se relève sans aucun mal et déclare gravement : « —J'savions c'que j'voulions savoir : il n'est pas paralysé ; c'est déjà une bonne chose. Voyons ses dents maintenant. »
Elle commence un examen minutieux. « —A quoi que ça sert ce que tu fais là? » lui demande Simone. Bécassine ignore que l'état des dents permet de reconnaître l'âge ; mais, jamais à court d'explication, elle répond : « —Ben, mam'zelle, j'regardions si c'est des vraies dents ou un râtelier. C'est si trompeur, ces marchands ! »
Le propriétaire de l'âne s'approche du groupe : « —La plus jolie bête du champ de foire ! dit-il. C'est jeune, c'est sage, et ça court !... Vous allez voir. » Il fait faire à l'âne quelques tours au grand trot. « —Il va comme ça cinq kilomètres sans s'arrêter, » dit-il en ramenant l'animal.
Miss Nelly, très tentée, discute le prix. Au moment où le marché va se conclure, Bécassine tire la jeune fille par la manche : « —Mam'zelle, faut pas l'acheter. Vous avez donc pas entendu c'qu'a dit le marchand ? C't'âne-là, il trotte cinq kilomètres *sans s'arrêter*...
« ... Alors vous ne pourriez jamais venir avec lui au village qui n'est qu'à trois kilomètres : il dépasserait ! » Miss Nelly a acheté l'âne tout de même.
Au retour Bécassine est songeuse, mécontente. Soudain, sa figure s'illumine : « —Y aura moyen de s'arranger, dit-elle d'un air inspiré : vous lui ferez faire la route au pas ! »
Pinchon

C'est le jour de la distribution des prix à Clocher-les-Bécasses. L'oncle Corentin, orné de son écharpe de maire, préside la céréomnie. Il a autour de lui les notables du pays et M. Modeste-Lefranc : un vieux savant très original, qui passe ses vacances au château de Grand-Air. La commune n'étant pas assez riche pour donner des couronnes, il n'y en a qu'une, très grande, qui, par un jeu de ficelles et de poulies, descend sur la tête de chaque lauréate.

Mademoiselle commence la lecture du palmarès. Bécassine, enchantée de voir récompenser ses amies, applaudit de toutes ses forces à chaque prix décerné Il y en a beaucoup, car, pour ne pas mécontenter les familles, on en donne au moins un à chaque élève.

Bécassine obtient celui du bon caractère. « —Celui-là, dit-elle avec bonne humeur, je l'ai mérité, mais j'pourrais pas en avoir un autre : j'suis trop bête ! » Tout le monde rit et l'applaudit, sauf Marie Quillouch, toujours jalouse de sa cousine.

Bécassine, rouge de plaisir, monte sur l'estrade, reçoit son prix des mains de M. Modeste-Lefranc, qui, depuis sa réflexion, paraît s'intéresser beaucoup à elle. Puis la couronne descend sur sa tête.

Mais, à ce moment, la ficelle casse : l'amas de feuilles et de fleurs lui tombe jusqu'aux épaules. Les rires éclatent de plus belle. Bécassine a été la première à en donner le signal. Au moment où elle regagne sa place...

... Marie Quillouch la regarde méchamment et lui dit : « —C'que j'ai eu peur! J'ai cru que t'allais manger la couronne. Dame, les bêtes, ça mange des feuilles ! » Bécassine va riposter, mais M. Modeste-Lefranc...

... qui a entendu la phrase, lui fait signe de se taire. Quand le palmarès est achevé, il se lève : « — Mesdames, messieurs, dit-il, la modestie et la franchise sont des qualités que j'aime par-dessus tout et que je veux récompenser. Voici donc un prix supplémentaire. C'est une pièce de dix francs...

« ... Elle sera pour l'élève qui nous déclarera qu'elle se considère comme la moins intelligente de l'école. Quelqu'un réclame-t-il les dix francs ? » Marie en a grande envie, mais elle se croit beaucoup d'esprit, et elle est encore plus vaniteuse qu'avare.

Pendant quelques instants, personne ne parle, puis Bécassine se lève et va vers l'estrade, la main tendue. « — Donnez-moi les dix francs, m'sieu : c'est ben connu...

« ... que je suis la plus bête ! » Quelques-unes de ses compagnes l'applaudissent, d'autres se moquent d'elle. Ses parents sont gênés et mécontents. M. Modeste-Lefranc lui donne la pièce et lui demande : « — Ça ne te fait donc rien, petite, de passer pour peu intelligente ? »

« — Ça, m'sieu, ça m'est égal, et j'suis contente d'avoir les dix francs pour les donner à la pauvre mère Jannick, dont le mari a péri en mer la semaine passée et qui n'a point de pain pour ses enfants. »

A ces mots, les choses changent de face. Tout le monde est ému. Mme Labornez sanglote, son mari se mouche, l'oncle Corentin tousse bruyamment. Mme de Grand-Air a les larmes aux yeux en embrassant Bécassine.

« — Et moi, dit M. de Grand-Air en se levant à son tour, avec la permission de Mlle la Directrice, j'ajouterai dix francs à ceux de mon ami Modeste-Lefranc. C'est encore un prix supplémentaire, le prix de Bonté : Bécassine l'a bien mérité ! »

Le livre que Bécassine a reçu en prix est un recueil de contes de fées. Bécassine l'a lu avec passion. Elle croit vrai tout ce qu'il raconte; et maintenant, elle est persuadée qu'elle est entourée de choses et d'êtres prodigieux.
Ainsi Turc, le chien de l'oncle Corentin, découvre à vingt mètres de distance un lapin blotti dans la bruyère. Ça n'est pas naturel : Turc doit être un magicien caché dans un corps de chien. Bécassine le respecte jusqu'à, parfois, lui baiser la patte.
Minette, qu'on avait laissée dehors, l'autre nuit, a pleuré avec une voix presque humaine : c'est sûrement une princesse changée en chatte. Maintenant, quand elle lui donne à manger, Bécassine lui dit : « — Mademoiselle est servie ! »
Aujourd'hui, Bécassine, installée sur un rocher de la lande, lit une fois de plus son cher livre. Une vieille mendiante vient s'asseoir près d'elle et lui demande la charité. La fillette se rappelle aussitôt l'histoire d'une vieille femme, pareille à celle-ci...
...qui, ayant reçu une aumône d'une bergère, se transforma en une belle dame vêtue d'une robe d'or. Et, d'un coup de sa baguette, elle fit apparaître une table chargée de mille friandises dont la bergère se régala. Bécassine en a l'eau à la bouche.
Elle tend à la pauvresse la tartine beurrée de son goûter. La femme la prend, s'éloigne en murmurant un remerciement. Mais rien n'apparaît, ni belle dame, ni friandises.
D'abord désappointée, Bécassine se dit ensuite qu'elle a donné sa tartine par gourmandise, et non par charité...
...qu'elle est punie et que c'est bien fait. Ses réflexions ne l'empêchant pas d'avoir faim, elle rassemble ses bêtes et prend le chemin de la maison. En route, elle est abordée par un homme qui lui demande si elle connaît Conan Labornez.

« — Ben sûr, dit-elle, j'suis sa fille. J'vas vous conduire. » L'homme est chaussé de grandes bottes. Il a la figure ronde, une moustache ébouriffée. Il raconte qu'il est au service d'un grand seigneur qui a dans le pays des châteaux, des fermes, des moulins.

« — J'vous reconnais ben, lui dit Bécassine : vous êtes le Chat Botté, et vot'maître, c'est le marquis de Carabas. » L'homme reste stupéfait : il est tout simplement le régisseur d'un châtelain des environs. « — Faites pas attention, lui dit Labornez, survenu sur ces entrefaites. Elle est quasiment folle. » Et, d'une taloche, il la renvoie.

Décidemment, les personnages fantastiques ne réussissent guère à Bécassine. Pourtant, elle veut absolument en voir un. Près du village, il y a des ruines d'un ancien couvent. Les paysans le prétendent hanté par des revenants. Bécassine, elle, est persuadée que c'est le château de la Belle au Bois dormant.

Elle n'a pas encore osé y entrer, mais, aujourd'hui, elle s'y rend d'une course. Elle se faufile à travers les ronces et les arbustes ; le cœur lui bat très fort. car il lui semble bien entendre la respiration d'une personne endormie, parfois même des ronflements.

Plus de doute : quelqu'un, une jeune fille, est là, étendue dans l'ombre. « — Princesse, lui dit Bécassine, j'vas tâcher d'vous trouver le Prince Charmant. »

Aussitôt, elle reçoit un sabot en pleine poitrine, tandis qu'une voix bougonne lui crie : « — Eh ben ! porte-lui ça de ma part. »
La Belle au Bois dormant n'était autre que Marie Quillouch, faisant la sieste, et furieuse du brusque réveil.

Du coup, Bécassine a perdu toute confiance dans son livre, et, comme elle n'aime pas les menteurs, elle aurait jeté le pauvre volume dans le feu, si sa mère ne l'en avait empêchée.

Le médecin de Quimper qui a soigné Bécassine passe ses vacances à Clocher-les-Bécasses. Un matin, il rencontre la fillette se promenant avec Simone de Grand-Air. « — Pour garder ses belles couleurs, lui dit-il, il faut prendre de l'exercice, faire du sport. — Du *porc*, répond Bécassine, c'est pas ça qui manque chez nous. »
Mais Simone déclare qu'elle veillera sur le traitement. On va le commencer tout de suite. En un tournemain, l'âne Cadichon est dételé, et Bécassine, accoutumée à monter à califourchon, se hisse sur l'animal.
Cadichon a l'habitude de pointer une oreille et de tenir l'autre couchée. Bécassine, qui aime l'ordre, essaye de redresser l'oreille rebelle. Cadichon s'offusque de ce sans-gêne, part au grand galop, secouant terriblement sa cavalière,
... puis s'arrête brusquement devant une large mare laissée par la mer. Culbute, bain improvisé. Rien de cassé heureusement, et, par ce beau soleil, les vêtements sècheront vite.
Pour faire la réaction, Simone propose une partie de tennis. Elle prendra dans son camp Bécassine. Ce sont les débuts de celle-ci. Elle n'est guère adroite, mais, après un peu d'exercice, elle parvient à lancer une balle correctement...
...ce qui la rend très fière.
Elle s'anime, se passionne, court comme une folle au-devant des balles du camp opposé, manque l'une d'elles, qui lui arrive en plein œil. « — Elle se fera tuer, dit Simone. Jouons au croquet, c'est moins dangereux. »

Tout est dangereux avec Bécassine, qui apporte en toutes choses une ardeur excessive et sa maladresse naturelle. A une fin de partie chaudement disputée, elle croque avec une vigueur impressionnante...

...mais c'est sur son pied et non sur la boule, que tombe le maillet. Heureusement, elle a des souliers épais et elle est dure au mal. Clopin-clopant, elle déclare qu'elle peut très bien marcher et demande à faire encore « du porc ».

Des Anglais ont installé un golf, le jeu à la mode. Les fillettes s'y rendent. Dès sa première tentative, Bécassine manque la balle, frappe la terre. Le *club* que Simone lui a prêté vole en morceaux. Pour éviter le renouvellement du désastre...

... il est décidé que Bécassine fera seulement office de *caddy*, accompagnera Simone en portant le sac qui contient les *clubs*. Mais, malgré les observations, elle se tient si près de sa compagne...

... qu'involontairement, celle-ci lui assène un fort coup sur le bras. Cette fois, Simone, effrayée de sa responsabilité...

... renonce à lui faire faire du sport et la ramène chez elle en piteux état. Le lendemain, Bécassine peut à peine marcher.

L'oncle Corentin l'emmène cependant prendre un peu l'air. Il rencontre le médecin : « — Vous connaissez mon ordonnance, dit celui-ci. Il faut que votre nièce fasse du sport. »

« — Du sport, répond l'oncle en poussant sa nièce devant lui, elle en a fait toute la journée d'hier. Vous voyez le résultat, m'sieu le docteur. J'crois ben que, si elle en fait encore, elle sera infirme pour le restant de ses jours ! »

Depuis quelque temps, M. et Mme Labornez sont préoccupés : la vente des porcs, principal revenu de leur petite ferme, marche mal. Dès qu'arrive le journal, ils lisent avec anxiété l'article qui donne les cours des halles et marchés.

« – Les porcs dégringolent toujours ! a dit un matin Conan Labornez. – Les pommes de terre s'obstinent à grimper ! » a ajouté sa femme. Et tous deux en chœur ont conclu : « – Les pommes de terre seront bientôt plus haut que les porcs ! »

Bécassine est stupéfaite : des pommes de terre qui grimpent !... Si celles dont elle a vu tout à l'heure un sac près de l'échelle étaient de cette espèce !... Elle se précipite.

...Mais non : les pommes de terre sont restées à leur place ; aucune ne se promène sur l'échelle. A l'étable non plus, rien n'a changé. Aucun porc n'a dégringolé. Paisiblement, ils mangent leur pâtée de pommes de terre, des pommes de terre beaucoup moins hautes qu'eux. Bécassine, très intriguée, demande des éclaircissements à sa mère. « – C'qui dégringole, explique celle-ci, c'est le prix des porcs ; c'qui grimpe, c'est le prix des pommes de terre...

« ...Comme on nourrit les porcs avec des pommes de terre, si ça continue, on ne pourra plus faire l'élevage. Alors, on ne gagnera plus rien, et y aura plus assez de pain pour nous trois à la maison. T'as compris ? »

Bécassine a si bien compris qu'elle est navrée. Ainsi, ses parents et elle sont menacés de mourir de faim ! Elle pleure abondamment sur leur triste sort. Turc et Minette étant entrés dans sa chambre, elle confie sa peine à ces fidèles amis.

Puis elle réfléchit : il n'y aura plus de pain pour trois, a dit sa mère, mais il y en aura peut-être assez pour deux. Alors, c'est à elle, qui ne travaille pas, à s'en aller, pour que ses parents puissent manger. Elle fait des adieux déchirants à sa chambre...

... et se prépare un petit bagage qui tient à l'aise dans un mouchoir noué en quatre. Comme il ne faut pas qu'on la voie, elle sort par la petite porte, prend une ruelle déserte et gagne la campagne. Là elle s'arrête, embarrassée.

Où aller? Se louer dans une ferme des environs ?... On la reconduirait chez ses parents. Peut-être qu'on la cherche déjà. Tout à l'heure, elle a vu les gendarmes passer sur la route. Il faut se cacher.

Assise derrière un buisson, Bécassine cherche désespérément une idée. Soudain, elle se rappelle avoir entendu raconter des histoires d'enfants volés par des Bohémiens. Voilà l'idée : elle se fera voler, et ainsi ses parents n'auront plus à la nourrir.

Elle sait bien où trouver un Bohémien. Comme tous les ans, à l'époque de la fête du pays, un petit manège et une baraque se sont installés sur le champ de foire.

Leur propriétaire, que les paysans appellent le Bohémien, ou le père Chevaudebois, n'a pas l'air méchant. Il la volera, mais probablement ne la battra pas. En rasant les haies, Bécassine gagne le champ de foire, toujours désert à cette heure tardive, et se dirige, d'un pas tremblant, vers la roulotte du père Chevaudebois.

Assis devant sa roulotte, le père Chevaudebois prend le frais. Bécassine s'est arrêtée, n'osant l'aborder : « — Bonsoir, Bécassine », lui dit le bonhomme, qui connaît tous les habitants du village.

« — Bonsoir, m'sieu le Bohémien », répond Bécassine en faisant sa plus belle révérence. Ces simples mots exaspèrent le père Chevaudebois. « — Assez de c'te plaisanterie, crie-t-il. Qu'est-ce que vous avez tous, ici, à m'appeler Bohémien ? J'suis pas Bohémien, j'suis Auvergnat, fouchtra ! »

Sa colère tombe quand il voit Bécassine fondre en larmes. Il la fait asseoir, la console. « — Quoi-qu'y a, petite ? J't'ai fait peur en criant trop fort ? — C'est pas ça, m'sieu...

« ... C'qui m'désole, c'est que, puisque vous n'êtes pas Bohémien, vous ne me volerez pas. J'voudrais tant être volée ! » Le père Chevaudebois, se redresse, effaré, ne comprenant pas. Bécassine insiste : « — Tout de même, vous ne voudriez pas me voler, pour me faire plaisir ? — Te voler ? mais qu'est-ce que je ferais de toi ? »

Alors, se tournant vers la roulotte : « — Eh ! les mioches crie-t-il, venez donc un peu par ici ! » Aussitôt, se bousculant à la porte, dégringolant par les étroites fenêtres, surgissant d'entre les roues...

... apparaissent une dizaine d'enfants. Ils s'alignent en bel ordre, par rang de taille. « — Tu vois, dit le père Chevaudebois, tout ça c'est à moi, c'est mes fieux. J'ai vraiment pas besoin d'en voler d'autres. C'est déjà assez difficile de nourrir ceux-là ! »

Les pleurs de Bécassine redoublent. « — J'en ai-t'y une déveine, sanglote-t-elle ; j'peux pas même arriver à me faire voler ! » Les jeunes Chevaudebois l'entourent, mais ne parviennent pas à la distraire de son chagrin.

Heureusement, à ce moment, leur père aperçoit l'oncle Corentin qui traverse le champ de foire en rentrant de la chasse. Il l'appelle...

... lui raconte ce qui vient de se passer. L'oncle emmène Bécassine, qui, en route, un peu calmée, lui fournit des explications.

Il y avait foule chez les Labornez quand ils y arrivèrent : des parents, des amis, le garde champêtre, même l'institutrice et M. de Grand-Air. Depuis deux heures, on cherchait Bécassine de tous côtés. Tout le village partageait l'anxiété de ses parents.

Quand elle parut, on oublia de la gronder, on se la passa de mains en mains. Elle fut embrassée à en avoir les joues écarlates. Après tant d'émotions, elle tombait de fatigue. Sa mère alla la coucher.

Alors, l'oncle Corentin parla en ces termes : « — Bécassine ne veut plus être à charge à ses parents. Elle a raison, puisque ses parents ne sont pas riches. Elle n'est plus une enfant : ça pousse si vite, ces petits...

... Il faut qu'elle apprenne à gagner sa vie, qu'elle entre en apprentissage. — C'est juste, approuva M. de Grand-Air... Réfléchissons à cela, mes amis, et venez demain en causer avec moi au château. » Nous ne rapporterons pas tout ce qui fut dit dans cette mémorable réunion. La conclusion fut que, le mois suivant, Bécassine partirait pour Quimper, où elle entrerait en apprentissage.

Le départ fut solennel et émouvant. Tout le village y assistait. Quand s'ébranla la charrette où notre héroïne avait pris place entre sa mère et son oncle, tout le monde cria : « — Au revoir, Bécassine ! A bientôt ! »

Nous aussi, nous disons à Bécassine : «Au revoir!» et « A bientôt ! »

TABLE DES MATIÈRES

Les premiers jours ... 1
Les Labornez et les Quillouch ... 2
Annaïk devient Bécassine ... 3
Le lait d'ânesse ... 4
Le premier exploit ... 5
Bécassine marche ... 6
Bécassine et le voleur ... 7
Le cortège de la Mi-Carême ... 8
Bécassine se tient mal ... 9
On joue au petit lapin ... 10
...Mais Marie ne sait pas jouer ... 11
Bécassine a de l'ordre ... 12
La bassine et l'oison ... 13
Le retour des cloches ... 14
Les œufs de la cloche ... 15
Pour attraper Margot ... 16
La déception de Marie ... 17
La dent arrachée ... 18
Musique de chambre ... 19
Les deux galettes ... 20
... Et le café au lait ... 21
Bécassine dans le grand monde ... 22
L'arrivée au château ... 23
Bécassine se rend utile ... 24
Le canard et la pomme ... 25
Bécassine cuisinière ... 26
Les Pommes de terre soufflées ... 27
Les salades frisées ... 28
La crème fouettée ... 29
La cousine Yvonne se marie ... 30
Bécassine demoiselle d'honneur ... 31
Le repas de noce ... 32
Un problème compliqué ... 33
L'alphabet perfectionné ... 34
Les bâtons ... 35
Le devoir d'écriture ... 36
La leçon de choses ... 37
Bécassine se surmène ... 38
Le système Corentin ... 39
Le cadeau de fête ... 40
Le parapluie perdu ... 41
Bécassine va à la ville ... 42
La visite de Quimper ... 43
Les surprises du musée ... 44
Un tour bien réussi ... 45
Bécassine navigue ... 46
Les coquillages et les écuelles ... 47
Bécassine collectionne les cailloux ... 48
La chasse de l'oncle Corentin ... 49
Bécassine va à la foire ... 50
Bécassine choisit un âne ... 51
Bécassine a des prix ... 52
L'idée de M. Modeste-Lefranc ... 53
Les contes de fées ... 54
Bécassine et la Belle au Bois dormant ... 55
Les sports de Bécassine ... 56
... Et leurs résultats ... 57
Les préoccupations des Labornez ... 58
Bécassine veut se faire voler ... 59
Les étonnements du père Chevaudebois ... 60
Bécassine n'est plus une enfant ... 61

Dépôt légal, 3e Trimestre 1980 - N° Editeur 4620
Loi n° 49-956 du 16 juillet 1949 sur les publications destinées à la jeunesse
Achevè d'imprimer F.lli Pagano s.p.a. - Campomorone GENES - Imprimé en Italie